移民国家アメリカの歴史

貴堂嘉之
Yoshiyuki Kido

岩波新書
1744

目次

序章　「移民国家」アメリカの二つの顔……1
第一章　アメリカはいつ「移民国家」となったのか？……23
1　「移民国家」神話の系譜　23
2　アジアから問い直す「移民国家」アメリカの歴史　49
第二章　中国人移民と南北戦争・再建期……67
1　中国人移民のはじまり　67
2　連邦政府の中国人移民政策　87
――分水嶺としての南北戦争・再建期

3　「アメリカ人」の境界と中国人移民　101
――「帰化不能外国人」の誕生

第三章　「国民」を管理する……111

1　一八八二年排華法とパスポートの発明　111
2　人種主義と優生学――革新主義の時代　118
3　移民管理の現場　124
――エリス島とエンジェル島の連邦移民入国審査施設

第四章　日本人移民と二つの世界大戦……135

1　日本人移民とは誰か――「元年者」と官約移民　135
2　転機としての第一次世界大戦――人種差別の壁　145
3　第二次世界大戦――日系人強制収容と四四二部隊　162

第五章　アジア系アメリカ人の戦後……173
1　戦争の爪痕とアジア系アメリカ人――「よい戦争」と「冷戦」　173
2　日系アメリカ人の戦後経験　183
――リドレス運動とモデル・マイノリティ論
3　アジア系移民史第二幕のはじまり　200
――一九六五年移民法と東南アジア難民の受け入れ
終　章　アジア系移民の歴史経験を語り継ぐ……217
参考文献

作図　前田茂実

序章　「移民国家」アメリカの二つの顔

アメリカの動揺

移民国家アメリカが、かつてないほど大きく揺れている。メキシコからの「不法移民」対策の強化を選挙キャンペーン中から公約に掲げてきたドナルド・トランプが、二〇一七年一月二〇日、第四五代アメリカ大統領に就任するやいなや、移民・難民規制のための大統領令を乱発したからである。

一月二五日には手始めに、不法入国防止のためメキシコ国境への大規模な「壁」建設と国境警備強化の指示を出し、「不法移民」に寛容ないわゆる「聖域都市（Sanctuary City）」への連邦補助金のカットを命じた。さらに二日後には、「イスラム過激派」の入国防止を目的に、入国審査の厳格化を命じる大統領令に署名し、テロの懸念のある中東・北アフリカの七カ国（シリア、イラク、イラン、リビア、ソマリア、スーダン、イエメン）出身者の九〇日間の入国ビザの発給停止、シリアからの難民の入国の無期限停止、その他のすべての国からの難民の受け入れの一二〇日間停止を決定した。

図 0-1　ケネディ国際空港でトランプ大統領の移民・難民規制に抗議する人々(2017 年 1 月 28 日．左：『ニューヨーク・デイリー・ニュース』より．右：Getty Images)

この大統領令により、中東・アフリカ出身者の入国拒否と身柄拘束が始まり、国土安全保障省によれば、アメリカの空港で拘束・入国拒否された者は三日間で二八〇名に達したという。ニューヨークのジョン・F・ケネディ国際空港やロスアンジェルス国際空港などには数千の支援者が集まり、抗議デモが発生したが、そこに集まったのはヒジャブを身につけたムスリム女性やその家族、友人ばかりではなかった。

到着ロビーで抗議にやってきた人々の掲げたプラカードに書かれた「アメリカは移民の国」、「貧しい人々に扉を開けておいて」(「自由の女神」の台座に刻まれたエマ・ラザラスの詩の一節からの引用)、「アメリカは人類の避難所」などのスローガンを見れば、多くの支援者にとってこの大統領令への抗議活動は、移民国家アメリカを支えてきた、決して手放すことのできない大切な価値を守る闘いだったことは明らかだ。

大統領令の発令にあたり空港当局や諸外国との事前調整がなかったため、シリアなど当該国との二重国籍を持つ欧州市民や、永住権（グリーンカード）保有者までもが影響を受け、空港は大混乱となったが、トランプはこの場当たり的な移民行政の混乱の責任をとることを拒み、政策の正当性を強調した。「アメリカ第一主義」を掲げる大統領にとって、移民労働者とは「アメリカ国民の雇用を脅かす」まさに元凶である。大統領が「不法移民」対策に力を入れ、「不法移民には医療や犯罪対策など、多額のコストがかかっている」と批判することで、支持層であるラストベルト（中西部のさびれた工業地帯）の白人労働者の溜飲を下げることができるのである。

政権発足から一年以上が経ったが、この間、厳格な移民・難民制限、不寛容政策（ゼロ・トレランス）の方針は変わっていない。二〇一七年八月二日には、永住権の発行数を半減する（年間一〇〇万人超から年五〇—六〇万人へ）ことを柱とした新たな移民政策への支持を表明し、「今後は、英語を話し米国経済に貢献できる高い技能を持つ申請者に優先的に付与する」との方針を示した。

また、九月五日には、オバマ政権が導入した移民救済制度ＤＡＣＡ（Deferred Action for Childhood Arrivals）を、半年間の猶予期間を経て廃止する方針を打ち出した。ＤＡＣＡとは、子どもの時に親に連れられて米国に来た「不法移民」の若者（「ドリーマー」と呼ばれる）に対して、強制国外退去を二年間延期し、就労許可を与えるもので、約八〇万人のドリーマーの立場がいま危うくなっている。トランプは、「私は愛情と思いやりでＤＡＣＡを解決すると言ってきた。しかし、我々は、職がなく苦悩する忘れられたアメリカ人に対しても愛情と思いやりを持たねばならない」と主張し、ＤＡ

CAの廃止を「アメリカ人のための雇用を取り戻す」公約の一環と位置づけた。

こうしてみてくると、トランプ大統領の移民政策は、たしかに、アメリカが長年築き上げてきた移民受け入れの根本ルールの改変を試み、移民・難民を世界中から遍《あまね》く受け入れる「移民国家」という例外主義（Exceptionalism）——世界史においてアメリカが特別の使命を背負った例外的な国だとする考え——からの脱却を目指す動きにも見て取れる。

しかしながら、トランプが実際にどこまで実効性を見込んで政策立案しているのかについては大きな疑問符がつく。例えば、大統領が壁で守ろうとしているメキシコとの国境線は全長三二〇〇キロメートルに及ぶ。地質的にも多様で、場所によっては大規模な壁建設に適さない地形もある。カリフォルニア州サンディエゴのメキシコ国境付近にある、通称「密輸人の渓谷」の壁（総工費六〇〇〇万ドル）など、すでに主要地点には組織的な密輸や不法入国を阻止するための壁やフェンスがめぐらされており、さらに東西へと壁を拡張することは現実的ではない。そのうえ、連邦議会の承認が必要な壁建設のための予算措置に目途は立っていない。

一九九〇年代以降の国境警備強化から得られた教訓とは、こうした壁建設によって密入国者はより危険な地帯からの入国を図ることとなり、その結果、死者の増加につながるということであったはずだ。また、そもそもメキシコからの「不法移民」、非正規滞在者の約半分は、正規のビザを取って米国に入国した後にオーバーステイした者たちであり、必ずしも密入国組ばかりでないのが現実である。

聖域都市への締め付け政策も現実性は乏しい。そもそも聖域都市とは、「不法移民」労働者を強制送還しようとする米連邦政府の入国管理当局への協力を拒否することを宣言し、彼らを保護してきた地方自治体のことである。一九七九年にロスアンジェルス市警が「聖域」方針を打ち出したのを皮切りに、地域経済に不可欠な移民労働者を合法・非合法の別なく保護する聖域都市は増え、ニューヨークやシカゴ、サンフランシスコ、シアトルなど、現在は全米に約三二〇程度あるといわれている。二〇一六年時点で、正規の滞在資格を持たない非合法移民(以下、本書では、「不法移民」という強い暴力的な言葉を引用以外では使用しないこととする)の人口は約一一〇〇万人、全米の聖域都市への連邦補助金は約二六七・四億ドル(約三兆円)にのぼる。

つまり、アメリカは非合法移民を不可欠の存在とする新自由主義的な経済体制を築き上げてきたのである。善し悪しは別にして、過去数十年間、アメリカはこの非合法移民をも包摂した新しい移民国家をつくろうと苦心してきたのであり、トランプ支持者の一部が求める「不法移民」の国外一斉退去処分など、現実には不可能なのだ。

実際、二〇一七年二月一六日、アメリカ経済にとって移民がいかに重要な役割を果たしているのかを示すための抗議活動「移民のいない日(Day without immigrants)」が全米各地で展開されると、調理師、ウェイター、清掃係、配達員など、さまざまな職業につく外国出身者が仕事を休みデモに参加したことで、数多くの飲食店や施設が休業に追い込まれアメリカ社会は機能不全に陥ったのだ。

では、トランプ政権下で起こったこの移民国家アメリカの混乱ぶりは、日本からみてどう映っているのだろうか。幕末の黒船来航から今日まで、アメリカの動向に特別の眼差しを向けてきた日本人は、移民国家アメリカの歴史をどう理解し、何を学んできたのだろうか。

「移民こそがアメリカ史そのものである」

アメリカは言わずと知れた世界最大の移民受入国である。連邦政府が移民統計を取り始めた一八二〇年から二〇〇九年までの一〇年ごとの移民数を示した図0-2にあるように、約二〇〇年で移民総数はのべ約七五三六万人に達する。ハーバード大学の歴史家オスカー・ハンドリンは、アメリカ史の古典『根こそぎにされた者たち(*The Uprooted*)』(一九五一年)の冒頭で、「私はアメリカの移民の歴史を描こうとし、移民こそがアメリカ史そのものであることがわかった」と書いている。

アメリカ史は長らくこの「移民の歴史=アメリカ史」という等式を自明のものとし、移民が主役の国、アメリカは「抑圧されし者の避難所」という自画像を核心に据えてきた。昔も今も、「アメリカとは何か?」という究極の問いへの答えの一つは、移民が作り上げた「移民の国(a Nation of Immigrants)」という例外主義的な国民国家像なのである。

日本でも、日系人史を中心にアメリカ移民史研究には豊かな蓄積がある。しかし、移民国家アメ

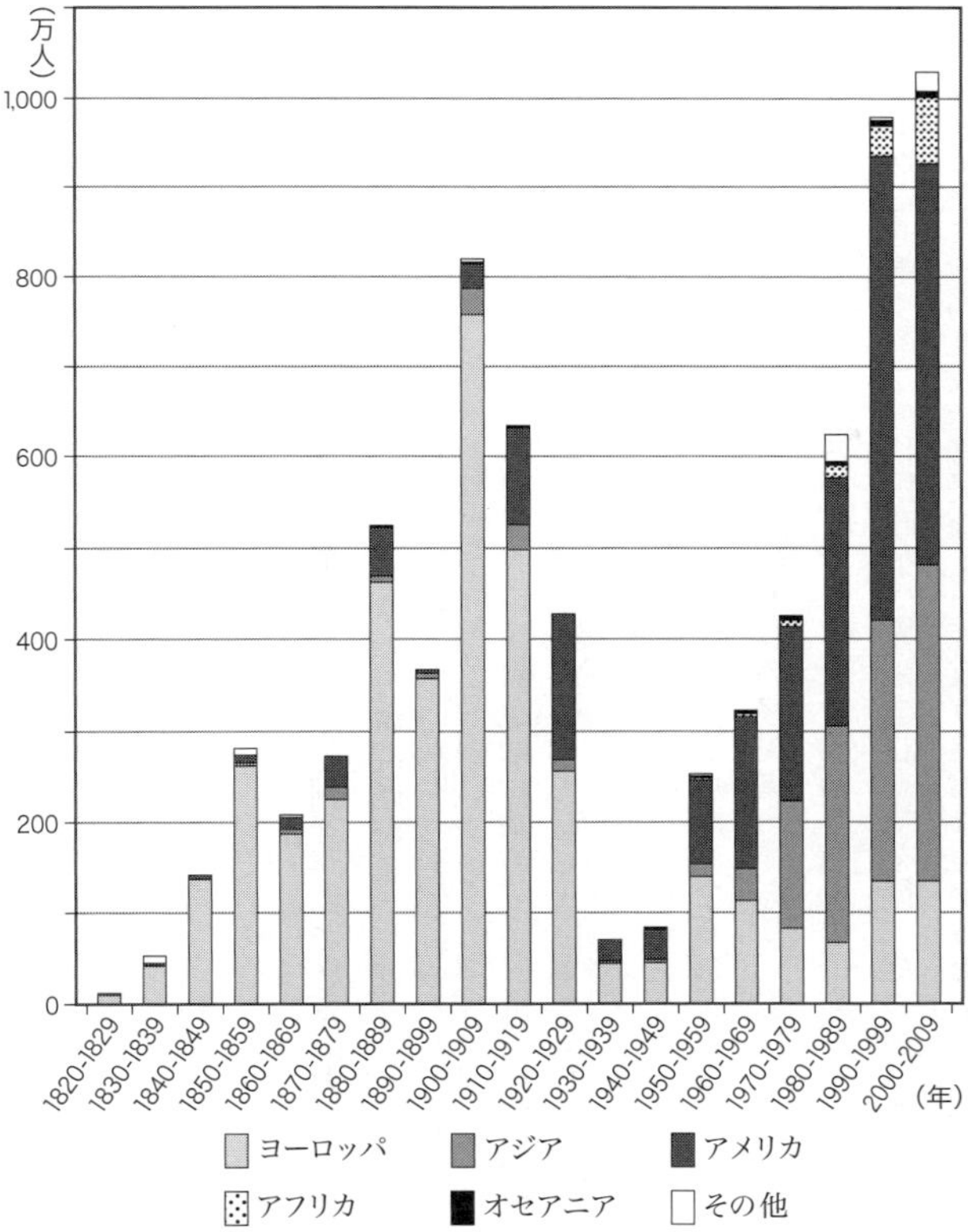

図 0-2　アメリカ合衆国への出身地域別移民統計(1820-2009 年)

リカの全体像を見据えた歴史がどこまで研究され、学ばれているかと言えば、それはかなり断片的なものとの印象がある。

断片化の陥穽の具体例を、高校世界史の教科書を例にとって考えてみよう。もちろん、どの教科書にも、アメリカが多くの移民を受け入れてきた国であるとの記述はある。移民流入のピークは二〇世紀転換期で、東欧や南欧出身のいわゆる「新移民」(第一章参照)が大量流入した後、一九二〇年代前後に移民制限へと連邦議会が舵を切っていくプロセスが描かれている。

だが、それ以降の移民史が描かれないのは問題だろう。図0-2からもわかるとおり、いま確認すべきは、一九二〇年代から四〇年代の両大戦期の「移民制限の時代」は低調だったものの、第二次世界大戦後にはアメリカの移民人口は再び増え始め、二〇世紀転換期の「大量移民時代」のピークであった一九〇〇年代の八二〇万人を超え、一九九〇年代には九七八万人、二〇〇〇年代にはついに一〇〇〇万人を超えた、という点だ。

トランプ政権では、なぜか「不法移民」に焦点があてられ正規の移民が後景に退いているが、実際には、アメリカは今もなお、紛れもない移民国家であり、現在その受入数から言えば、アメリカ史上、最大規模となっているのだ。カリフォルニアのIT企業グーグルやフェイスブック、マイクロソフトがなぜトランプの移民政策に異議申し立てを行ったのか。これら最先端の企業は、インド系をはじめとする高度技能移民なくして成り立たないからである。各時代にアメリカが受け入れてきた移民がどのような人たちで、どのような仕事を具体的に担ったのか。移民個々の顔を知らずして、移民史を語ることはできない。

筆者は高校世界史の教科書執筆に関わっているのでよくわかるが、教科書の場合、紙幅の関係もあり、書きたいことをすべて書き込めるわけではない。アメリカ合衆国がそもそもいつ「移民国家」となったのか。植民(者)、移民、奴隷、難民はそれぞれどう違うのか。独立宣言や合衆国憲法に謳われている自由や平等の理念と、移民国家としての成り立ちはどのようにつながっているのか。合衆国市民の市民権は法律上どのように定義づけられ、なぜ「出生地主義(jus soli)」の原則が採用されるのか。こうした移民国家の根幹に関することは教科書では描けていない。

また、一番身近なはずの、日系人史も体系的に学べるようにはなっていないのではないか。日露戦争後に始まるカリフォルニアでの日本人移民排斥運動から、日本人移民の入国が禁止された一九二四年のいわゆる「排日移民法」までの記述がせいぜいである。

ハワイに渡った「元年者《がんねんもの》」に始まり、なぜ西日本出身者を中心に、近代日本においてハワイに約二〇万人、アメリカ本土に約一八万人もの人々が太平洋を渡ることとなったのか。なぜ彼らは排斥運動に直面し、一世は市民となる権利を拒否されたのか。なぜ第二次世界大戦中に強制収容されることとなり、それはどのような社会運動を経て、一九八八年のレーガン大統領による謝罪と個人賠償へと結実したのか。

図 0-3　2017 年 1 月 30 日,「フレッド・コレマツの日」にグーグルの検索画面を飾ったロゴ

また、九・一一同時多発テロの後や、トランプ政権下の現在も、日系人自身がアメリカ社会の人種差別やヘイトクライムに抗《あらが》う反差別運動の先頭に立ち、日系人史が歴史の教訓として語られていることを、日本の読者はどれほど知っているだろうか。

ホワイトハウスにほど近い、スミソニアンの国立アメリカ歴史博物館では、日系人強制収容にゴーサインを出すことになった大統領令九〇六六号の原本などを展示した特別展示「不正を糾す（Righting a Wrong）」が、大統領令署名からちょうど七五年目にあたる二〇一七年の二月に始まった。日系人たちの「歴史に学ばなければ同じあやまちを繰り返す。トランプ大統領にも見て欲しい」との切実な思いから実現したものである。

先ほど述べたトランプの大統領令が出された直後、グーグルが現政権の移民政策への異議申し立てのため、検索サイトのトップページにフレッド・コレマツ（是松豊三郎《とよさぶろう》、一九一九―二〇〇五）という日系人活動家の画像を採用したのをご存じだろうか。

カリフォルニア州オークランドでバラ園を営む両親のもと、フレッド・コレマツは四人兄弟の三男として生まれた。第二次世界大戦中に、アメリカ政府による日系人強制収容の不当性を訴え、"If you have the feeling that something is wrong, don't be afraid to speak up."「何か間違っていると感じたら、あなたは声をあげることを恐れてはならない」という言葉を残した。戦後も偏見と闘い続けた活動家で、一九九八年にはクリントン大統領から自由勲章を授与され、二〇一〇年にはカリフォルニア州政府がコレマツの誕生日である一月三〇日を「フレッド・コレマツの日」に制定し、市民の自由の大切さを再認識する日と定めた。

このように、日系人などアジア系アメリカ人の歴史に、トランプ政権に向き合うための歴史の教訓、処方箋を求める動きがいま急速に高まっているのである。

本書で描きたいこと

本書であらためて、日本の読者向けに「移民国家アメリカ」の歴史の全体像を通史のかたちで描き出してみたいと考えた理由は、大きく二つある。

一つは、これまで書いてきたように、日本の歴史教育において、移民国家アメリカの歴史は断片的にしか教えられてきておらず、本来、日本の読者に知っておいてもらいたい移民史が書かれずにきたと感じているからだ。学生たちに授業でアメリカ移民史を話していて常々感じるのは、トランプ政権下での移民問題をめぐるゴタゴタをむしろ反面教師のように捉え、日本政府が移民・難民の受け入れに厳格な政策を採ってきたことを評価し、移民国家アメリカの問題を自分たちとは切り離して、学生たちが理解しようとする傾向である。

しかし、一九九〇年の入管法改正以来、すでに日本は一三〇万人を超える実質的移民を受け入れてきており、多文化社会化は現在進行形である。現在まで、日本政府は移民政策を採らないとしつつ、外国人材を受け入れ続けているが、そうした社会統合政策を欠いた施策が今後も通用するとは思えない。かつては戦後ヨーロッパ諸国も、「私たちは移民国家ではない」と主張したものの、大量の出稼ぎ外国人労働者を受け入れ、その多くは労働契約が切れても帰国せず家族を呼び寄せ、定住する結果となった。

筆者の立場をあらかじめ明確にしておけば、少子高齢化が進む日本社会は遅かれ早かれ、移民受け入れを宣言するときが必ず来ると考えている。国籍や人種、民族、ジェンダー、セクシュアリティなど、多種多様な背景をもつあらゆる人々が「共生」する日本社会をつくりだすには何が必要なのか。その共生の技法の学びにも、アメリカ移民史ほど豊かな気づきの機会を与えるものはないはずだ。

日系人に限らずアジア系アメリカ人は、国家への「包摂」と「排除」の両方の歴史で、二一世紀のアメリカ人とはいかにあるべきかを問いなおす、ユニークなポジションにある。その歴史を学ぶことは、二一世紀の日本社会、日本人のあり方を示す指針にもなるのではないだろうか。移民たちの闘いの足跡とは、自由と民主主義、人権をマイノリティにまで拡張してきた歴史そのものである。

本書を通じて、移民問題を、政策側の上からの目線ではなく、空港でプラカードを掲げる人々と同じ移民の目線で考えるきっかけにしてもらえればと思っている。

第二の理由は、これまで移民国家アメリカはヨーロッパ系移民を中心に論じられ、アジアからの移民が圧倒的に周縁化されて扱われてきたことにある。本書では、切り口を大きく変えて、アジア系移民の視座から、移民国家アメリカの生成・発展の歴史を書き換えることを試みたい。

アジア系移民の歴史に着目する意義はいくつもあるが、二つ挙げておこう。まず、図0-2の移民統計の出身地域別推移をもう一度見て、一九六五年移民法(第五章参照)の成立以降、最も高い増加率を示しているのがアジアからの移民集団であり、ヨーロッパからの移民数を圧倒していることを確認してもらいたい。新規移民数でも、二〇一二年にはヒスパニックを抜き、アジア系が最大集団となっている。

このように移民の出身地域がヨーロッパからラテンアメリカ、さらにはアジアへと移るなかで、かつてのヨーロッパ中心、大西洋世界中心の前提は修正されて、移民国家アメリカの実像はよりグローバルなものへと再定義されつつあり、その将来像を見据えて議論をする際には、アジア系が中心となるのである。アメリカ国勢調査局は、二〇四二年には白人は多数派の地位から転落し、マイノリティになると予測しており(二〇〇八年時点での発表)、アメリカ社会が大きく変貌することは間違いない。

もうひとつは、これまで神話化されてきた「移民国家」像を歴史的にしっかりと検証し直し、ヨーロッパ中心の「移民国家」論が前提としてきた「移民」概念や分析枠組みの問題点を修正するうえでも、アジア系移民史が重要な役割を果たすと考えているからである。

「移民国家」の神話とは何か。これについては第一章で詳述するが、一例として、ヨーロッパ人によるアメリカ文明論として知られている、ヘクター・クレヴクール(一七三五―一八一三)の『アメリカ農夫の手紙』(一七八二年)を取りあげておこう。

フランス貴族の家に生まれ、カナダを経てニューヨークに移住したクレヴクールは、アメリカで結婚し子どもをもうけた。独立戦争中にイギリスに渡り、アメリカ体験をもとにロンドンで出版したこの書簡集にて、彼は「ではアメリカ人、この新しい人間は、何者でしょうか」と問い、ヨーロッパの封建的な体制や伝統から解放された新しい自由の地で、すべての人々が一つに融け合う移民たちの社会的坩堝《るつぼ》として、アメリカを描いた。

アメリカ移民史においては、この移民たちの楽観的な社会統合、すべての人々が同化しアメリカ化していくという見方を「クレヴクール神話」と呼ぶが、これがまさにアメリカ合衆国の「国民の物語」として長らく語り継がれてきたのである。

ではアメリカ人、この新しい人間は、何者でしょうか。ヨーロッパ人でもなければ、ヨーロッパ人の子孫でもありません。したがって、他のどの国にも見られない不思議な混血です。私はこんな家族を知っていますが、祖父はイングランド人で、その妻はオランダ人、息子はフランス人の女性と結婚し、今いる四人の息子たちは四人とも国籍の違う妻を娶っています。偏見も生活様式も、昔のものはすべて放棄し、新しいものは、自分の受け入れてきた新しい生活様式、自分の従う新しい政府、自分の持っている新しい地位などから受け取ってゆく、そういう人がアメリカ人なのです。彼は、わが偉大なる「育ての母《アルマ・マーテル》」の広い膝に抱かれることによってアメリカ人となるのです。ここでは、あらゆる国々からきた個人が融けあい、一つの新しい人種となっているのですから、彼らの労働と子孫はいつの日かこの世界に偉大な変化をもたらすでしょう。

（『アメリカ農夫の手紙』第三の手紙、一七八二年）

しかし、ここで注意すべきは、この一つに「融け合う」坩堝《メルティング・ポット》への参入には不文律の制約があることだ。万人に開かれていそうにみえながら、実際にはヨーロッパからの移民に限定されており、先住民や黒人などはそもそも想定外とされていたのである。独立宣言にある「すべての人間は平等に造られている」という万人平等の啓蒙主義的な理念の語りしかり、アメリカの「国民の物語」についてまわるこの普遍の語りには注意が必要である。アメリカには常にタテマエの高邁な理念・理想を語る顔と、現実主義的で強欲な強面の顔の二つがあることを忘れてはならない。

もうひとつの記憶の場

このヨーロッパ移民中心の神話化されたアメリカ移民物語を最も象徴的に展示し、国民の公的記憶として管理する場が、アッパー・ニューヨーク湾内にあるエリス島の移民博物館であろう。一八九二年から一九五四年まで、ヨーロッパ方面からの移民の玄関口として、連邦政府が管轄する移民入国審査施設が設けられて、一二〇〇万人以上の移民がこのゲートを通じてアメリカに入国した。現在のアメリカ国民の四〇％に相当する人々がその子孫にあたると推定されている。一九九〇年にオープンしたこの博物館には、年間四〇〇万人以上の来訪者があり、移民としての出自を追体験できる場となっている。

では、アジア方面からの玄関口、サンフランシスコ沖にあるエンジェル島の施設はどうであろうか。自由の女神像とともにニューヨーク観光の名所となっているエリス島に足を運んだ者は多くても、エンジェル島を訪れたことのある者は少ないかもしれない。

「西のエリス島」とも呼ばれる連邦政府の入国審査施設として、一九一〇年から一九四〇年まで、約五五万人の移民がここを通って入国を果たしたが、実質的にはアジア系移民収監のための施設といってよいものであった。施設には、長期拘留を余儀なくされた中国人渡航者が収容バラックの壁に書き刻んだ悲痛な詩文がいまも残されており、移民たちがここでの拘留体験を語り出すまでにはかなりの時間を要した。

エリス島の手入れの行き届いた大規模施設とは比べようもなくみすぼらしいこの施設は、火災焼失で閉鎖されたあと、長年放置されてきた。しかし近年になって、中国系アメリカ人が主導する史跡保存活動により一九九七年に国の歴史的建造物に指定され、ようやく小さな博物館としてオープンしたところである。

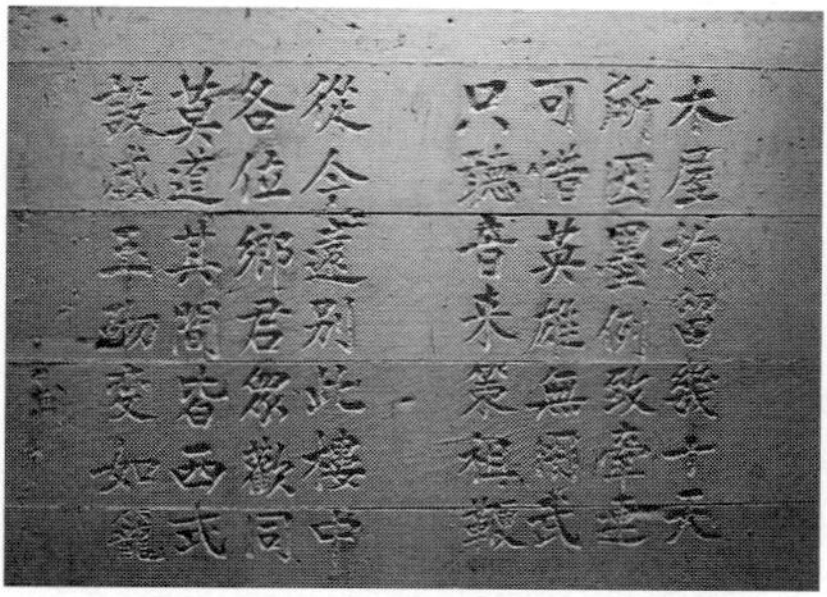

図 0-4 中国人移民が刻んだ詩(著者撮影, エンジェル島移民博物館)

拘留施設の壁に中国人移民らが刻んだ詩は135編にのぼる. 内容は, 長期拘留のつらさを嘆くものや, 移民法の不当性を訴えるものが多い.

このように、エリス島とエンジェル島に刻まれた移民の記憶は対照的である。移民の正史として記録・保存されるヨーロッパ系移民と、公的記憶のなかでは沈黙を余儀なくされてきたアジア系移民の歴史とでは、記憶・保存のされ方に大きな違いがある。同じ移民とはいえ、アジア系移民の置かれた立場は、むしろアメリカの黒人たちの境遇に近い。建国時には総人口の約二割を占め、その後もほぼ一割以上の人口を持つ存在でありながら、黒人たちは近年までそれに見合った発言力を持てずにきた。奴隷制下では法律で読み書き教育が禁止されたことで沈黙を強

図 0-5　ユタ州プロモントリー・ポイントにおける大陸横断鉄道開通式（1869 年 5 月 10 日）

「大陸横断鉄道の東半分はアイルランド系移民，西半分は中国人により作られた」と言われるが，その開通式を写した有名な写真に中国人労働者の姿は見えない．他方，中国人は移民行政史上では，「不法滞在」取り締まりのため，最初に写真付き居住登録証の作成を義務づけられた移民集団である．

いられ、解放後もいったん与えられた投票権を徹底的に剝奪され、長らく政治的声を奪われてきたからだ。アジア系移民も米社会への貢献を正当に評価されず、社会問題を引き起こす集団とみなされ、自らの経験を語る機会を奪われてきた（図0-5参照）。

この東西非対称な移民国家アメリカの相貌をふまえ、「国民の物語」に組み込まれ神話化された移民物語を解体し、移民研究が前提としてきた「移民」概念や分析枠組みに修正を加えることが、歴史研究の次のステージにいくには必要なのである。

そもそも「移民」とは誰なのか？「移民の歴史＝アメリカ史」の等式で語ることで、排除され歪められる歴史はないのか、と立ち止まって問いを発することが肝心だろう。従来のアメリカ移民史では、「移民」と呼ばれる越境者は、自由意志にもとづく渡航者として、黒人奴隷や年季契約奉公人といった強制移動ないし契約労働者とは明確に区別された特権的な役割を担わされてきた。そうした移民史では、「移民」とは帰化・同化・忠誠・アメリカ化といった一連のあらかじめ敷かれた国民化のレールの上を歩むことが宿命づけられており、何世代にもわたって達成される「移民」のアングロ・サクソン文化への同化、文化変容が主たる研究関心とされた。

だが、こうした「移民の歴史＝アメリカ史」が目隠しの役割を果たしてきた歴史に、本書ではあえて注目したい。ヨーロッパ系移民を中心に国民社会への包摂プロセスに着目してきた従来の移民史が描いてこなかった、もうひとつのアメリカ――それは移民を排斥し、移民集団を序列化し、人種化してきた排除プロセスに注目することでみえてくるものである。

世界中の移民・難民を遍く受け入れる公定の「移民国家」像からすれば、トランプ政権で突発的に始まったかにみえる排外主義的な移民・難民政策、壁建設の動きは、理解しがたいものとしてある。

だが、図0-6にあるように、アジアからの最初の移民集団である中国人移民への対応を端緒にして、早くも一八七〇年代から八〇年代には、アメリカ初の排外主義による国境線上の「壁」建設が西海岸で構想されていた。この延長線上に、現在のメキシコ国境での壁建設も位置づけることができる。アジア系移民史を通じて、移民を選別・排除してきたもうひとつの移民国家アメリカの歴史を知ることで、アメリカ政治の現在を知ることにもなるだろう。

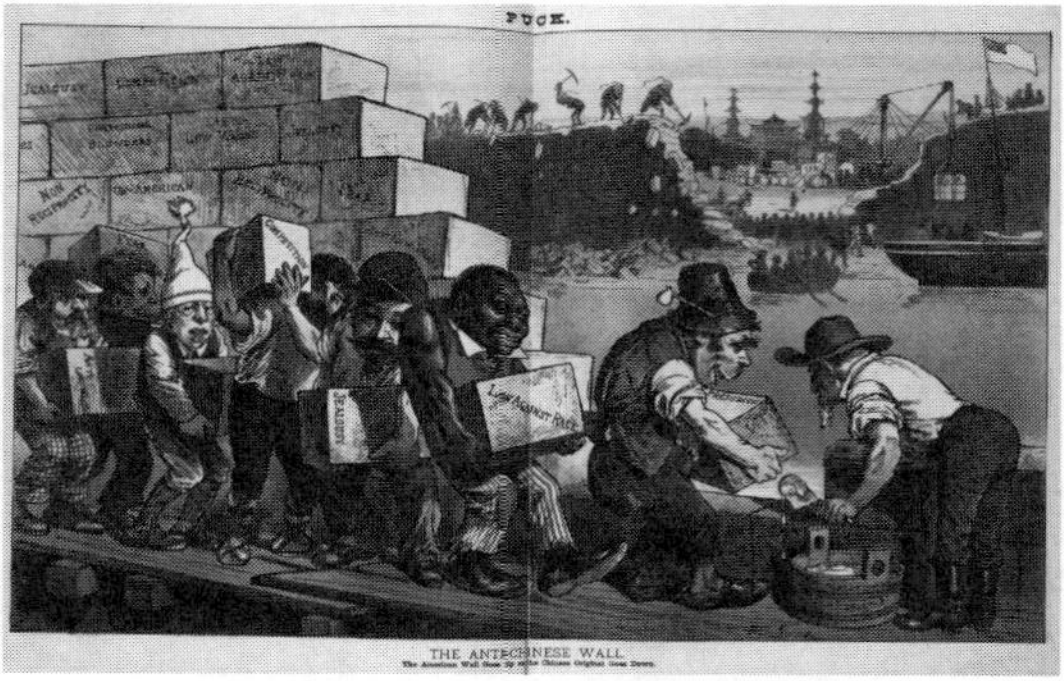

図 0-6　西海岸の「中国人問題」から国境の「壁」建設の動き
(上)「排華の壁」(『パック』1882 年 3 月 29 日)．対岸の中国側ではオリジナルの万里の長城が取り壊され，手前のアメリカ側では新たな排華の壁が建造されている．「偏見」「恐怖」「嫉妬」「人種差別法」など排華の理由とおぼしき言葉が刻まれたブロックを，アイルランド系，黒人，旧南軍退役軍人，イタリア系，ユダヤ系らの労働者が運んでいる．そのブロックを「連邦議会のモルタル」を使って塗り固めているのは，アンクル・サム(アメリカを擬人化した人物)．(下)「ハシゴをはずす」(『ハーパーズ・ウィークリー』1870 年 7 月 23 日)．万里の長城をモチーフに，アメリカの国境線にやはり中国人の入国を阻止するための壁が建設されている．中国人が上るためのハシゴをはずしているのはアイルランド系の移民たち．

これまで研究史では、アメリカの包摂と排除の政治史においても、人種主義の生成史においても、アジア系は周縁的な扱いを受けてきた。だが、本書では、数的には少数であったものの、アジア系移民こそが南北戦争後の新たな国民統合の政治過程で、市民と非市民の境界、白人と非白人の境界を形成するうえで決定的な役割を果たしたことを明らかにする。

一九世紀後半の「中国人問題」への対応を通して、アメリカは初めて国家として移民行政の仕組みを整え、「アメリカ人」とは誰で、「アメリカ人になれない外国人(帰化不能外国人)」とは誰かを定義していく国民化の政治を本格化した。そこには「白人性」をめぐる人種の政治が連動していた。また、自由移民の原則を堅持してきたアメリカ政府にとって、一八八二年に制定された排華移民法は、特定国籍を対象とした最初の移民制限措置であり、移民政策史上、大きな転機をなすものとなった。この米国による排華の法的「壁」の建設は、たちまち同時代のオーストラリアやニュージーランド、カナダへと連鎖的な反応を引き起こし、世界大の排華防波堤の形成を生み出した。二〇世紀転換期のイギリス帝国が唱えた「白人の責務」、白人共同体としてのグローバルな人種主義は、アジアからの移民・苦力《クーリー》の流入が契機になっている点にも注意を喚起しておきたい。

このようなアジア系移民の歴史経験に焦点をあてながら、近代世界のグローバルな人流のなかに、いまいちど移民国家アメリカの歴史を位置づけ、人の移動がつくりだしたアメリカ合衆国という国のかたち、理念を問い直してみたい。

第一章　アメリカはいつ「移民国家」となったのか？

1　「移民国家」神話の系譜

「伝統」の創られかた

まず第一章では、本書の中心テーマである「移民国家」アメリカという国家的伝統について考えてみたい。

イギリスの歴史家エリック・ホブズボウムとテレンス・レンジャーは、古い歴史を持ち「伝統的」に見えるものの多くが、国民形成過程の政治的な目的のために近年になって「捏造」されたものであることを明らかにした。「伝統の創造」という議論である。

前近代の封建遺制を持たない、近代に誕生したアメリカ合衆国でも、国民統合のため幾多のシンボルや物語――「坩堝」「サラダボウル」「自由の女神」「ピルグリム・ファーザーズ（巡礼始祖）」など――が超歴史的な「伝統」として創造され、社会により記憶されてきた。政治的・宗教的迫害に遭っている者や経済的な困窮者を世界中から遍く受け入れる「人類の避難所」としての自画像も、間違いなく創られた「伝統」の一つである。

読者のなかには、「「移民国家」アメリカはいつ誕生したのか？」と、より直接的な問いを発する者もいるだろう。しかし、この神話／伝統は一続きのきれいな系譜をなしているわけではないので、特定の起源を明らかにすることができない。むしろそれは、植民地時代から現在に至るまで、新世界「アメリカ」を出身地の家族に向けて「約束の地」「自由の地」として語ってきた数千万の移民たちの声、外国からアメリカを訪れた人々によるアメリカ論、ヨーロッパとは異なる例外国家としてアメリカの国家的理念を語ってきた政治家の声など、全体としては無数の声や物語の寄せ集めでできているのが特徴なのである。

そもそも、アメリカ独立宣言（一七七六年）からして、「この地への移住を妨げた」ことをイギリス国王ジョージ三世の犯した許されざる失政の一つとして告発しており、旧世界からの移住の促進は、新生国家アメリカの発展や開発のためには不可欠の政策と位置づけられていた。独立革命に大きな影響を与えたトマス・ペインの『コモン・センス』（一七七六年）には、「亡命者を受けとめよ、そして、いつしか、人類の避難所（an asylum for mankind）となる準備をせよ」との記述がある。

第三代大統領トマス・ジェファソンの連邦議会向けの一般教書（一八〇一年）でも、ヨーロッパがナポレオン戦争により混乱するなか、移民や亡命者の市民権取得を難しくする外国人・治安法（一七九八年)が前政権で制定されたことを批判して、「私たちは不幸な亡命者を拒むのか?」、「抑圧された人類はこの地球上に避難所を見つけられるのか?」と問うている。旧世界ヨーロッパからの移民を歓迎し、帰化を促すことは、新世界アメリカの「建国の父祖《ファウンディング・ファーザー》」らにとっては当然の施策だったのであり、それが「理念国家」アメリカの存在理由でもあったのだ。

「伝統の創造」論では、ときに「創られた伝統」と「本物の伝統」とを区別することがある。しかし、「移民国家」アメリカなる国家的伝統については、この区別は意味を持たないように思う。なぜならそれは国家により「創られた」側面を持ちながらも、アメリカ国民である移民たち自身によって主体的に「本物《オーセンティック》」の伝統として創りかえられ、継承されてきたからだ。「伝統」の捏造を暴いて神話を否定することは容易であるが、それ自体にはなんの意味もない。むしろ、なぜアメリカがそのような神話を必要とし、「伝統」を築き上げたのか、神話化の過程でそれがどのような作用をしたのかを解き明かすことが大切であろう。

では、こうした観点から、「移民国家」アメリカの神話の骨格をなす、「ピルグリム・ファーザーズ」と「自由の女神像」という二つの物語について具体的に検討してみよう。

プリマス植民地「ピルグリム・ファーザーズ」の神話化——北米大陸への到着

まず取りあげるのは、北米英領植民地の起源神話である。アメリカ合衆国の土台が築かれた植民

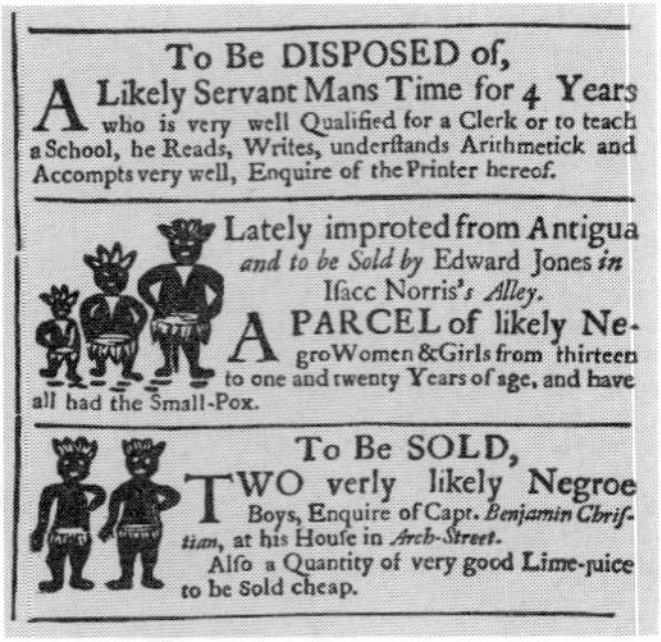
To Be DISPOSED of,
A Likely Servant Mans Time for 4 Years who is very well Qualified for a Clerk or to teach a School, he Reads, Writes, underſtands Arithmetick and Accompts very well, Enquire of the Printer hereof.

Lately improted from Antigua and to be Sold by Edward Jones in Iſacc Norris's Alley.
A PARCEL of likely Negro Women & Girls from thirteen to one and twenty Years of age, and have all had the Small-Pox.

To Be SOLD,
TWO verly likely Negroe Boys, Enquire of Capt. Benjamin Chriſtian, at his Houſe in Arch-Street.
Alſo a Quantity of very good Lime-juice to be sold cheap.

図 1-1　フィラデルフィアの新聞に掲載された年季契約奉公人(上)と黒人奴隷(中・下)の売買広告(17 世紀頃)
前者が 4 年間の「強制労働」を売り買いし，後者は「生身の人間」を売り買いしているという差がある．

地時代に、最初に誕生した恒久的入植地は、一六〇七年、ロンドン商人らが設立したヴァージニア会社により建てられたジェームズタウンであった。ヴァージニア植民地は、大西洋貿易で莫大な富を生み出す「世界商品」であるタバコ栽培により栄え、メリーランド植民地とともに一大生産地となった。

　この南部タバコ植民地に出現した開拓民の世界は、先住民との緊張した敵対関係のもとで、労働力の確保につとめ、主にイギリス本国出身の「年季契約奉公人(indentured servants)」という労働者を迎え入れた。これは、後述する合衆国憲法にも名前が登場する植民地期の典型的な白人労働者である。

　奉公人は、通常四年から七年程度の契約を結んで、本国から植民地への渡航費や契約期間中の生活費等を保証される。その見返りに、主人のもとで、契約年数の強制労働に従事するという不自由民である(ただし、年季が明けた後は自由人となる)。入植当初は、移住後一年以内に死亡する者が約半数という苛酷な労働環境であったが、タバコ植民地に向かった一六七〇年までの約一〇万人の移住者の三分の二は、この年季契約奉公人だった。

ジェームズタウンについて語る際には、もうひとつ忘れてはならない移住者がいる。それは、一六一九年、ヴァージニアで最初の植民地会議が設けられた年に、オランダ船から譲り受けた二〇名の黒人である。

ここで「黒人奴隷」と書かないのは間違いではない。黒人は初めから奴隷だったわけではないし、植民地の成立と同時に奴隷制が移植されたわけではないのだ。黒人は、ヴァージニア植民地ではイギリス本国や他のヨーロッパ諸国からの移住者と同様、年季契約奉公人として強制労働に従事したのである。

しかし、富裕な特権的プランターによる土地の独占が進み、下層白人の成功の機会が奪われ不満が高まるなか、一六七六年には農民や年季契約奉公人を主体とする大規模なベーコンの反乱がおきた。こうした状況下で、一七世紀末までに、白人の年季契約奉公人に代わって、黒人奴隷が労働力として積極的に導入されるようになった。法律上も、終身の強制労働を強いられる存在として「奴隷」身分が確定されていき、ヴァージニアやメリーランドにおいて、黒人という「人種」に基礎をおく奴隷制が確立していったというのが、近年の奴隷制成立に関する見立てである。

北米植民地の歴史は、イギリス人による入植・開拓の物語として語られることが多いが、近年の歴史研究では、植民地社会とは、イギリス人(身分差も多様)のみならず、ヨーロッパからの移民、西アフリカから強制移住させられた黒人奴隷、先住民など多様な人々により構成された、暴力を日常に孕む世界だったことがわかっている。

だからこそと言うべきなのか、北米英領植民地の起源は、一六二〇年、メイフラワー号にて現在のマサチューセッツ州プリマスに、宗教的迫害を逃れ信仰の自由を求めて上陸した「ピルグリム・ファーザーズ（巡礼始祖）」の物語として、一九世紀に神話化したのである。

アメリカ人が口承や公教育を通じて語り継いできた定番の物語は、およそ以下のような内容である。

一七世紀初頭のイギリスでの宗教弾圧を逃れ、信仰の自由をもとめた宗教的な一団がイギリスのプリマスを出発し、メイフラワー号に乗ってアメリカ大陸を目指した。一六二〇年の冬ニューイングランドに到着した彼らは、プリマス・ロックに初めの第一歩を踏み降ろし、その地をプリマスと名付け、プリマス植民地を設立。上陸前に、入植民の間で取り交わされたメイフラワー・コンパクト（盟約＝「契約により結合して政治団体をつくり、我らの共同の秩序と安全とを保ち進める」）はのちのアメリカ合衆国憲法の基礎となった。その冬の厳しい気候に耐えられずメンバーの半数が餓死したが、二年目の秋には豊かな収穫に恵まれ、その間援助を受けたインディアンを招いて感謝の機会を持ち、それが今日の感謝祭に直接つながる起源となっている。

（大西直樹『ピルグリム・ファーザーズという神話』）

プリマス植民地は、最初の北米英領入植地ではない。たしかに、ピューリタン（清教徒）が植民地建設の主体となったニューイングランドと総称される北米植民地のなかでは、最初に設立された入植地である。しかし、一六二九年に成立したマサチューセッツ（湾）植民地によって、一六九一年には併合され、消滅してしまった。わずか七〇年ほどしか存続しなかったのである。その点では、ジョン・ウィンスロップ総督の強力な指導下でピューリタンによる理想社会の建設を目指し、「丘の上の町（a city upon a hill）」を築こうと急速な発展を遂げたマサチューセッツ植民地のほうが、神話化には相応しいかに思える。

しかし、数ある植民地の中で選ばれたのはプリマスなのである。なぜプリマスが選ばれ、神話となったのか。この問いを立てるということは、そもそも、なぜ上述のジェームズタウンが神話とならなかったかと問うことでもあるのだが、答えは自明だろう。黒人奴隷制の「不自由」の物語がその語りにはついて回るからである。

プリマスの巡礼始祖が移民国家アメリカの起源として神話化される背景には、もちろん英領植民地のイギリス臣民から「アメリカ人」として独自のアイデンティティを確立し、独立していく、一八世紀末から一九世紀の政治過程が深く関わっている。

「代表なくして課税なし」を合い言葉にイギリス本国に抵抗し、植民地側が大陸会議を開いて一致団結する頃には、イギリスからの独立を意識し、プリマスに上陸した巡礼始祖が自らの意思で渡米して社会契約を取り結び「自治」を実践した経験に関心が集まるようになっていた。彼らが上陸した(とされる)一二月二一日は、いつしか「先祖の日」として祝宴が開かれるようになっていた。

独立戦争前年の一七七四年には、彼らが最初の足跡を残した巨岩「プリマス・ロック」の半分が海から引き揚げられ、市広場へ据え置かれた。のち一八八〇年、この岩は元の海岸部へと戻され、以前からあった半分と接合され一つとなり、「1620」という文字が刻まれ、巡礼聖地となっていく。

一説には、プリマス植民地の歴史史料があまり保存されていなかったため、史実を気にせず象徴として神話化するのが容易だったとも言われている。実際、メイフラワー号の乗客一〇二名は、全員がピューリタンだったわけではない。「聖徒」(プロテスタントのこと)は四一名のみ(男性一七名、女性一〇名、子ども一四名)で、それ以外は「よそ者」(男性一七名、女性九名、子ども一四名)と記載されている他の植民地から加わった者や、教会に属さない年季契約奉公人(二一名)であったことがわかっている。

また、プリマスの入植者が先住民からトウモロコシの栽培法を教わったことへの返礼として、彼らを招き三日間にわたって祝宴を催したことが、今日の「感謝祭」の起源になったとされている。しかし、この物語も真偽のほどは定かでない。

一八六三年、長らく忘れられていた感謝祭を連邦の祝日（一一月最後の木曜日）と定めたのは、エイブラハム・リンカン大統領である。アメリカ史上最大の六二万人もの戦死者を出した南北戦争（一八六一―六五年）では、家族が敵味方に分かれて戦うこともあった。そのような悲惨な戦時下で国民融和を図り、遠く離れた家族・親類が再会し絆を深め合うことを奨励し、家族的共同体として国家を再建するために、感謝祭の物語は国民的祝祭に取り入れられた。

図 1-2　感謝祭と国民統合

（上）J. L. G. フェリス《1621 年，最初の感謝祭》(1899 年)
（下）「アンクル・サムの感謝祭の晩餐」(『ハーパーズ・ウィークリー』1869 年 11 月 20 日)

つまり、後述する「坩堝」と同じで、感謝祭という祝祭はアメリカ的国民統合の隠喩《メタファー》なのだ。一例を挙げれば、第二章で詳述する南北戦争後の国民統合の理想図を、風刺画家トマス・ナストは、感謝祭の晩餐の場面を用いて描いている（図1-2下）。七面鳥を取り分けるアンクル・サム（アメリカの擬人化）がホスト役のテーブルに、黒人、中国人、先住民、アイルランド系、アラブ系など世界中の人種・エスニック集団を家族(=国民)として招待している。

しかしながら、巡礼始祖たちの感謝祭に話を戻すと、実際にはその後、ニューイングランド全域を巻きこんでフィリップ王戦争(一六七五―七六年)が勃発し、白人入植者と先住民双方に大量の戦死者が出た。このことからも、入植者と先住民の関係は、領土や貿易、生活圏をめぐって常に緊張したものだったと考えるべきである。

本来は先住民の土地でありながら、そこを「無主の地」とみなし白人の開拓地を拡大していく入植活動(これを入植者植民地主義 settler colonialism という)は、先住民にとっては暴力的行為であった。アメリカ合衆国建国の歴史は、この先住民に対する殺戮・暴力の忘却の上に成り立っていることは忘れるべきではないだろう。ポウハタン族の部族長の娘ポカホンタスがイギリス人入植者ジョン・スミスの命を救った物語もしかり、白人が語る先住民との「美談」には、その裏にある政治的意味を見て取る必要がある。

要するに、プリマスの巡礼始祖の物語は、独立後、合衆国憲法の起源としてメイフラワー号の盟約が社会契約の模範とみなされ、また「自由の帝国」としてアメリカが大陸国家へと発展するその起点としてプリマス上陸がみなされることで、アメリカの自由と発展の神話を象徴する国民的物語となっていったのである。

移民国家アメリカの伝統にとっても、高邁な理想にもとづく旅立ち、自己犠牲、苦難と忍耐、家族での渡航・定着など、これから渡米する誰しもが巡礼始祖と共通の出来事を追体験してアメリカ人となっていく、そのような「移民」の模範として大きな意味を持ったのだ。その点で、黒人奴隷の不自由の物語が混入せず、先住民との友好親善が加わったプリマスの、一六二〇―二一年のわずか二年の短い起源神話は、イギリス出身者を中心とするヨーロッパ系移民向けの物語としては、最も効能のあるあらすじだったのだろう。

自由の女神像とエマ・ラザラス『新しい巨像』

次に取りあげるのは、自由の女神像と、その台座に刻まれたユダヤ人女性詩人エマ・ラザラス（一八四九―八七）の詩である。

自由の女神像が、世界中から新天地を求め海を渡ってくる移民や難民、亡命者を遍く受け入れる、移民国家アメリカを最も象徴的にあらわすシンボルであることに異論をはさむ者は少ないだろう。トランプ大統領による移民・難民規制が始まれば、アメリカの新聞各紙はこぞって、大統領令で流血する女神、フランスへと船で返還される女神、カナダへの移住を決意する女神などの風刺画を掲載した（図1-3）。先述した「ピルグリム・ファーザーズ」の始原的な亡命物語と並んで、アメリカ国民にとっては、自由の女神こそが抑圧された者たちにとっての「約束の地」「自由の地」「避難所」といった、自画像の拠り所となっているのだ。

では、一九世紀の鉄鋼技術の最高傑作として世界遺産にも登録(一九八四年)されている自由の女神像とは、いったいどのようにして造られたのだろうか。

ニューヨークのリバティ島に立つ自由の女神像は、アメリカ独立一〇〇周年を祝ってフランスから贈られ、一八八六年に建てられたものである。建設を提案したのは、フランスの法学者で政治家でもあったエドゥアール・ドゥ・ラブレ(一八一一―一八八三)で、彫刻家フレデリック・バルトルディが設計、骨組み造りには鉄骨構造技師ギュスターヴ・エッフェルが協力した。像の正式名称は「世界を照らす自由(Liberty Enlightening the World)」といい、右手に自由のたいまつを掲げ、左手には「一七七六年七月四日」と刻印された独立宣言を抱えている。

図1-3　トランプ政権下の自由の女神(Marian Kamensky 作, 2017年1月30日. www.caglecartoons.com より)

パリで製作された女神像のパーツは、頭部がパリ万国博覧会(一八七八年)に出品されるなど話題を集め、パリ民衆の募金で建設資金が調達された。その間、ニューヨークでは台座建設に向けて地元の実業界や社交界の名士らが設立委員会を立ちあげ、募金集めを行うものの資金は集まらず、女神像がフランスからアメリカへ向けて積み出された時点では、まだ台座は半分ほどしか完成していなかった。

設立委員会は、地元の新聞『ニューヨーク・ワールド』紙の社主、ハンガリー系のジョゼフ・ピューリッツァーに協力を仰ぎ、「億万長者がお金を出してくれるのをただ待っているのではいけません。なぜなら、この自由の女神像はフランスの億万長者からアメリカの億万長者への贈り物などではないのです。すべてのフランス人からすべてのアメリカ人に向けての贈り物なのです」などと、一般市民向けの募金の呼びかけを紙面で始めた。くわえて、毎日寄付金の集計額を掲載するなどして話題づくりをし、資金集めに成功、自由の女神像はようやく完成した。

このニューヨークでの募金活動において、競売品目として書き下ろされたのがエマ・ラザラスによる「新しい巨像(The New Colossus)」(一八八三年)という一四行詩であった。アメリカ人であれば公教育で必ず学び、誰もが知っているこのソネットが、自由の女神を「亡命者の母」と呼び、「疲れた人々、貧しい人々を……私のもとに送りなさい」と謳ったことで、「人類の避難所」としてのアメリカ、移民国家アメリカのシンボルとしての自由の女神イメージは決定づけられたといえる。

実際この時期には、後述するように東欧・南欧からの「新移民」が急増し、アメリカは「大量移民の時代」を迎えていた。このため、建立時の一八八六年より女神像は移民歓迎のシンボルとして建立されたと、アメリカ人の多くが信じている。

新しい巨像　　エマ・ラザラス作

国から国へ征服の翼を広げたとされる、
ギリシアの有名な青銅の巨像とは異なり、
ここ、海に洗われ、日の沈む、この国の門に
たいまつを掲げた大いなる女人が立つ。
そのたいまつの炎は幽閉された稲妻、
そしてその女人の名は「亡命者の母」。
彼女の指し示す手からは世界への歓迎の光が輝きでて、
彼女の優しい眼は、双子の都市をつなぐ架け橋の港を望む。
「旧い国々よ、歴史で飾られた貴国の威厳を保ち続けなさい」と彼女は叫ぶ、
物言わぬ唇で。「私に与えなさい、貴国の疲れた人々、貧しい人々の群れを、
自由に生きたいと請い願う人々の群れを
人間が溢れんばかりの貴国では屑ともみなされる、惨めな人々を。
家もなく、嵐に弄《もてあそ》ばれる、これらの人々を、私のもとに送りなさい。
黄金の扉のかたわらに、私は灯火をかかげましょう」。

図 1-4　ニューヨークの自由の女神像除幕式と，サンフランシスコの彫像

（左）「われらが港の彫像」(『ワスプ』1881 年 11 月 11 日)．ニューヨークで自由の女神像の建造中に，サンフランシスコ湾には民衆の排華感情のシンボルとして中国人の彫像が建立された，という風刺画．左手にはアヘンを吸うための煙管を持っている．頭のあたりには「不潔，不道徳，病気，白人労働者を破滅させる者」と記されている．
（右）エドワード・モラン《自由の女神像除幕式》(1886 年，ニューヨーク市立博物館)．1886 年 10 月 28 日の除幕式のようす．

たしかにこのエマ・ラザラスの詩は、ロシアのポグロム（ユダヤ人に対する集団的な迫害・虐殺）から逃れてきたユダヤ人移民の群れに出会ったときの個人的な経験をふまえており、故郷を追われた同胞への救済のメッセージが込められていた。

ところが、実際には、自由の女神像の台座に「新しい巨像」の詩が据え付けられたのは一九〇三年のことであり、その後およそ三〇年間、人しれずその場所に眠り続けたと聞けば、話は変わってくる。

深い霧の中、一八八六年一〇月二八日に開催された女神像除幕式（図1-4右）では、当然のことながら、ラザラスの詩への言及はなく、クリーヴランド大統領を含む登壇者の演説の中心は、米仏友好と独立宣言に謳われたアメリカ的理念、共和主義についてであった。女神像の製作者たちには、移民歓迎のシンボル作りの意図はさらさらなかったのだ。

ラブレが女神像の建設提案を行ったのは、南北戦争が終結した一八六五年のことであり、足元に引きちぎられた鎖や足枷があるのは、黒人奴隷解放による新しい自由と平等の誕生への希望が込められていたとみるべきだろう。ラブレは、筋金入りの奴隷制廃止運動(アボリショニズム)の活動家であったのだから。

それではいったいいつ頃、女神像は移民歓迎のシンボルへと変貌を遂げたのだろうか。

ジョン・ハイアムの研究によれば、その変化に一役買ったのが、一八九二年に設立されたばかりのエリス島の連邦移民入国審査施設を通じてニューヨークへと上陸していった大勢の移民たちであった、というのは興味深い(『自由の女神のもとへ』)。『ゴッドファーザー Part II』(一九七四年)にも、のちにマフィアの大ボスとなるヴィトー・コルレオーネ少年が、エリス島の隔離施設の一室から自由の女神を眺める印象的な美しいシーンがあるが、移民史の基礎資料である移民たちが出身地の家族とやりとりをした膨大な手紙(アメリカから出身地に出された"America letters"と、出身地から移民宛てに出された"homeland letters")にも、たしかに女神像が多く登場し、自分たちの未来を約束してくれていると感じた、との記述がある。

しかし、この救済者としての女神イメージが米国の公的記憶に定着するのは、一九三〇年代以降のことであったとハイアムは指摘する。ということは、一九二四年移民法に至る一連の移民制限立法により「大量移民の時代」が終わりを告げたことが、皮肉なことに自由の女神を移民歓迎のシンボルとして語ることを可能としたという逆説があることになる。

二〇世紀転換期には年間一〇〇万人ほどもあった移民数を、連邦議会は一九二四年移民法で約一五万人へと限定(一九二九―五二年まで実施)したことで、新規の移民流入は急激に減少した。これ以降移民船の到着は減り、エリス島の役割も縮小したが、自由の女神はまさにこの一九二四年に国定史跡(ナショナル・モニュメント)となった。

つまり自由の女神像は、移民制限によって国内の激しい移民排斥運動が沈静化するなかで、初めて移民歓迎の「創られた」シンボルへと変貌したのである。

シンボルとしての「坩堝」

こうして自由の女神像は移民国家アメリカのシンボルとして定着していくことになるのだが、次に、そのシンボル受容の素地となった世紀転換期アメリカの文化多元主義的な国民秩序の模索と坩堝論の系譜をたどってみよう。

まずその前提として、アメリカの国璽《こくじ》と呼ばれる紋章に刻まれた“E Pluribus Unum”という標語をご存じだろうか。手元に米ドル紙幣があれば必ず印刷されているので、見てほしい。古代ローマの詩人ウェルギリウスの詩からとったとされるこのラテン語の標語は「多からなる一（One out of Many）」と訳され、もともと一三植民地が一つの連邦国家をなすという政治的統合の意味であったが、現在ではアメリカが一つの社会であることの比喩として用いられ、多人種多民族国家の「多様のなかの統一」の意味で用いられている。

バラク・オバマが二〇〇四年の党大会で行った演説では、「個人がそれぞれの夢を追い求めつつ、アメリカ人が一つの家族であるのは、この考え方があるからです。"E Pluribus Unum" つまり「多からなる一」という私たちの国家のモットーであります」とふれられ、社会の分断・分裂をつなぎとめ、国民を一つにまとめあげる標語として用いられている。

この「多からなる一」の国民統合の表現として最も広く受け入れられているのが、「坩堝」という比喩である。「坩堝」がアメリカ社会の表現として広く用いられるようになったのは、二〇世紀初頭、ユダヤ系作家のイズラエル・ザングウィル（一八六四―一九二六）の戯曲『るつぼ（*Melting Pot*）』（一九〇八年初演）が発表されて以降のことである。

この戯曲は、ロシア系ユダヤ人家族の物語である。家族はロシアでポグロムの犠牲になり、主人公だけがアメリカへと渡った。作曲家の主人公は、ロシア出身の女性との恋愛を通じ葛藤しながらも、異なる背景を持つ人々を抱きしめる移民社会アメリカの偉大な包容力に将来への希望を見出す。

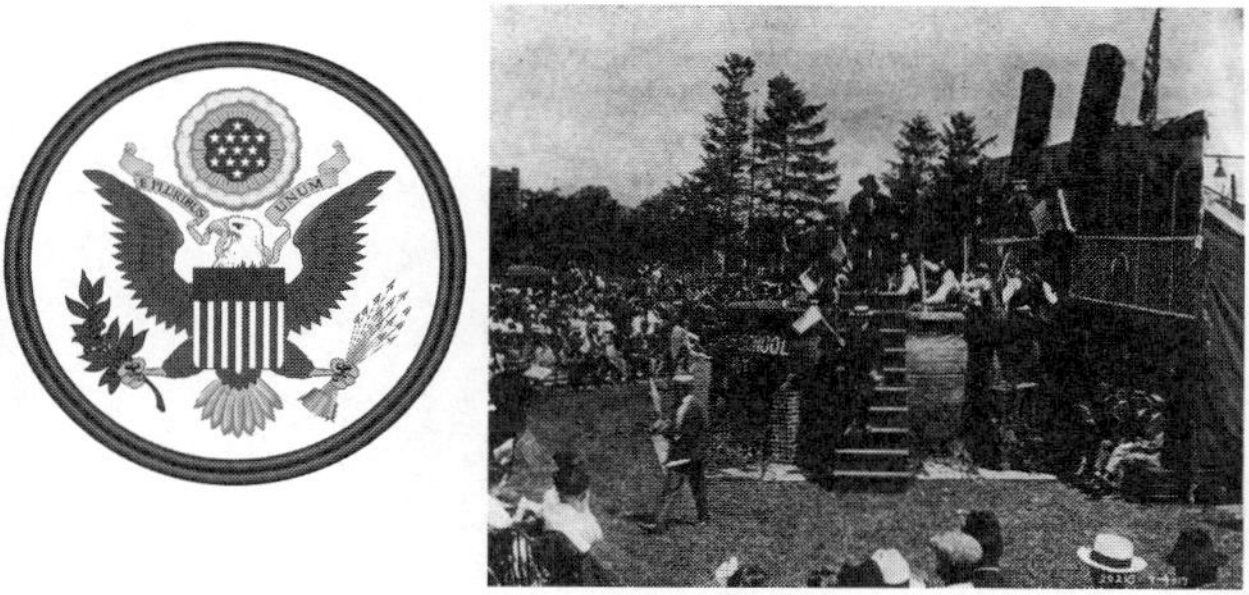

図 1-5　米国国璽とアメリカ化運動
（左）アメリカ合衆国の国璽(Great Seal).
（右）1917 年，自動車会社フォードの従業員向け英語学校での「坩堝セレモニー(Melting Pot Ceremony)」の一コマ．1914 年に設立されたこの英語学校では，英語学習と市民権申請に必要な公民教育がなされた．連邦帰化局はフォード英語学校卒業を市民権試験の資格要件として認めた．卒業式では，“The American Melting Pot” と書かれた大きな坩堝に民族衣装を着た卒業生が入り，坩堝で溶解後，新しく「市民」として，アメリカ的衣装を着て米国国旗を持って登場するセレモニーが恒例となっていた(ヘンリー・フォード博物館).

そして最後にはアメリカを主題とした交響曲を完成させ、公演は見事成功する、というストーリーである。

物語の最後で、主人公が安アパートの屋上から自由の女神を眺めつつ口にするのが、「坩堝」という言葉である。「アメリカは神の坩堝」、「ヨーロッパのあらゆる人種が融けあい、再形成される偉大な坩堝。……ドイツ人もフランス人も、アイルランド人もイギリス人も、ユダヤ人もロシア人も、すべて坩堝のなかに溶け込んでしまう。神がアメリカを造っているのだ」と。

序章でふれたフランス人作家クレヴクールの『アメリカ農夫の手紙』(一七八二年)が、同じ坩堝論に連なる古典として読み直され、注目を浴びたのは、まさにこの時期のことである。また坩堝論の系譜でもう一人忘れてはならないのは、『アメリカ史におけるフロンティアの意義』(一八九三年)で有名な歴史家、フレデリック・ジャクソン・ターナー(一八六一―一九三二)である。

ターナーは、フロンティアでこそ、アメリカ独自の個人主義、機会の平等、デモクラシーが生まれたと唱え、「フロンティアはアメリカ人にとって、複合的な国民性の形成を促した。……フロンティアの坩堝(Crucible)のなかで、移民はアメリカ化され、解放され、国民性も特性もイギリス人とは異なった人種へと融合されていった」と主張した。

こうして世紀転換期に登場する「坩堝」という国民統合の比喩の系譜をたどることができるが、序章でも指摘したとおり、坩堝に参入できる集団はヨーロッパ系白人に常に限定されていた。南北戦争から半世紀が経ち、人種隔離体制が完成するこの時期に、南北戦争は「奴隷解放のための戦争」の意義を失い、「白人同士の兄弟喧嘩」へと読み換えられ、退役軍人らによる南北和解が急速に進んだ。この南部白人と北部白人の和解がヨーロッパ系移民を含む白人限定の「坩堝」論の受容を後押しし、新たな国民創生の物語を誕生させた。それが、一九一五年に公開された大人気映画『国民の創生』(D・W・グリフィス監督)である。クー・クラックス・クランが救世主となり国家が再生されるという、史実にもとづかぬ偽史に、国民は熱狂したのである。

また、「白人」の境界に注目すれば、クレヴクールとターナーはアングロ・サクソン系や北欧系移民を念頭に置いているのに対し、ザングウィルは東欧・南欧出身の「新移民」の包摂を強く意識している点にも注意したい。

一九世紀後半には西部開拓が進展し、国勢調査局は一八九〇年に「フロンティアの消滅」を宣言するが、このことは、移民たちがみなアングロ・サクソン文化に順応し同化することをモデルとした「アングロ・コンフォーミティ」の時代が終焉したことを意味した。坩堝としてのフロンティアが消滅した世紀末のアメリカには、イタリア、オーストリア＝ハンガリー、ロシアなど、東欧・南欧出身者が大量に押し寄せていた。一九世紀半ば以前にやってきたイギリスやドイツの移民は「旧移民」、言語や風俗習慣が違い、宗教的にもカトリック、ギリシア正教、ユダヤ教などを信仰する彼らは「新移民」と、区別して呼ばれるようになり、彼らの帰化率向上、アメリカ社会への同化が、この時期の政治の喫緊の課題となっていった。

反移民感情が高まりをみせるなか、市民権取得を目指さない「新移民」向けに、連邦政府や公立学校、ＹＭＣＡなどの市民団体、フォードのような企業が連携して、「アメリカ化運動」が広範に行われることとなった（図1-5右）。柱となったのは、英語教育とアメリカへの忠誠心を涵養する取り組みであり、結論からいえば、エマ・ラザラスの詩は、このアメリカ化運動のなかで広く普及することになったといえる。

一九二〇年代から子ども向けの雑誌や教科書には、自由の女神像と移民が結びつけられて掲載さ

図 1-6　エリス島の連邦移民入国審査施設
（1911 年頃）　Getty Images

れるようになっていたが、一九三〇年代のユーゴスラヴィア系移民の評論家ルイス・アダミックによる精力的なラザラスの詩の広報により、さらに一般雑誌、歴史教科書への掲載が広まった。アダミックによる、新移民を包摂したアメリカ移民史の再評価が功を奏したといえる。

国民的詩人となったラザラスの詩への賞賛は、自由の女神像の人気とも連動した。自由の女神像の来訪者は一九四〇年以降に急増し、ブームは戦後にまで続いた。エリス島の連邦入国審査施設が役割を終えて閉鎖された一九五四年当時でも、およそ八〇万人の来訪者があった。女神像の足下には国立移民博物館の建設計画が進められ、数年後にこの博物館は完成し、名実ともに移民国家アメリカの象徴として、移民出自の国民の記憶を公式に管理する場となった。

第二次世界大戦後ふたたび移民の波がアメリカに押し寄せてくると、一九六五年、リンドン・ジョンソン大統領は、ラザラスの「新しい巨像」の理想に忠実たらんと、それまでの移民制限を撤廃する。彼は自由の女神像の下で新法案に署名し、ラザラスの詩にふれ、「その最も素晴らしい伝統」

に立ち返ると宣言したのであった(第五章参照)。

移民史研究の誕生とジョン・F・ケネディ『移民の国』

ここまで、「移民国家」アメリカの国家的伝統を形成してきた代表的な物語やシンボルをみてきた。最後に、この伝統を集大成し、「移民の国」アメリカの物語として完成させたジョン・F・ケネディ上院議員の著作『移民の国(*A Nation of Immigrants*)』(一九五八年)と、その刊行を支えたアメリカ移民史研究という学問の誕生・形成史についてふれておこう。

二〇世紀転換期のアメリカには、急速な工業化・産業化の歪みが都市の貧困や政治腐敗などのかたちで現れ、これらの社会問題を科学的・合理的な方法で解決しようとする「革新主義(Progressivism)」という運動が生まれた。

革新主義については第三章であらためて考察するが、この時代に、アメリカは一九世紀的な自由放任主義を放棄し、国家や州が積極的に国民の「生」への介入を試みるようになった。そのために「アメリカ的生活様式」という規範をつくりだし、アメリカ化が推進されていく。そんな革新主義の時代に、産学が共同して大衆社会にとっての有用な知を生産するシステムが誕生したことが、二〇世紀を「アメリカの世紀」たらしめたと言われる。

こうした、社会問題を解決する学知生産の担い手として、今日の人文・社会科学は大きく進展していくのだが、移民史研究（政策科学を含む）という学問分野もその一つに数えられる。

移民研究で最初の大規模調査としては、ディリンガム委員会が挙げられる。一九〇七年に連邦議会が立ちあげた移民調査委員会で、調査に三年、一〇〇万ドルをかけ、全四一巻からなる報告書を一九一〇年にまとめあげた。同報告書は、移民の就業状況や都市部での住宅事情、人種関係、貧富の差などの統計を網羅して、移民を「社会問題」とみなしその解決を図る政策提言をする調査手法を確立した。この委員会で勧告された識字テスト、国別割当制度、アジア系移民排除の継続などは、ほぼすべてがのちに立法化していったのである。

移民を基本的にはアメリカ社会にとって「危険な階級」とみなし、犯罪や貧困といった「問題」を引き起こしやすい集団とみなすこうした眼差しは、一九二〇年代のシカゴ学派の社会学でも同じだった。彼らは、移民集団が母国文化を捨ててアメリカ社会に同化することを規範的な現象と考え、同化はいかにして進行するのかを解明しようとした。こうした移民の同化と市民としての包摂を中心に語る研究は、今日からみれば、移民の同化や社会適応、アメリカ化を自明視する自国史（ナショナル・ヒストリー）の語りそのものであった。

初期の移民史研究を継承して、アメリカ史における移民史の正統性を確立したのが、序章でも紹介したオスカー・ハンドリンである。ハーバード大教授のハンドリンは一九五〇年代に、現行移民法の国別割当制度を第一次世界大戦後の反動政治の産物であったと批判し、「好ましい移民」と

「好ましからざる移民」を序列化する割当制度はアメリカのヨーロッパ国際政治、冷戦外交上、問題があるので撤廃すべきだと提言するなど、積極的な政治的発言で知られる、象牙の塔にこもらない人物だった。トルーマン政権(一九四五―五三年)では移民帰化委員会の顧問を務め、戦後の移民改革の流れをつくる重要な役回りを演じた。

ハンドリンは、米経済や民主的発展の中心に移民を位置づけ、アメリカ史の新解釈を定着させた。今日、私たちが「移民の国」として知っている移民史の規範的理論は、彼によって確立されたといってよい。ハンドリンが移民制度改革を提言した仕事では、「移民(immigrants)」や「移住(immigration)」の歴史がアメリカ史の中心に据えられた。アジアやメキシコからの移民にはほとんど言及しないで、ヨーロッパ系移民を中心とした立論であった点に限界をみることができるが、彼の視座はケネディの『移民の国』に踏襲されている。

ケネディによる移民史の出版企画は、全米最大のユダヤ人団体、名誉毀損防止同盟(Anti-Defamation League)が執筆を持ちかけたことで始まった。その際、ハンドリンにも声がかかり、ハンドリンは自分の教え子のアーサー・マンに下書きを依頼したため、『移民の国』はハンドリン流の移民史が下敷きとなっているのだ。

ケネディの『移民の国』は、全七章からなる壮大な移民叙事詩であるといえよう。ちなみに、ハンドリンの『根こそぎにされた者たち』の副題は「アメリカ国民を作った大移住の叙事詩」である。

『移民の国』は、移民の「貢献」がアメリカを作ったという論点を柱にして、アメリカが世界的にもめずらしい平等社会であることの要因として移民国家を指摘したアレクシ・ド・トクヴィルの『アメリカのデモクラシー』(一八三五、四〇年)や、アメリカを代表する詩人ホイットマンの「諸国民からなる国民」の引用など、これでもかとアメリカ論、文化論で立論を補強する。

巧妙に工夫したと驚かされるのは、本来は植民地時代なので「入植者」「植民者」とすべきところを「移民」の用語は使いづらいので、時代区分の便宜上、一七九〇年以前については「移住(in-migration)」経験として歴史を総括し、一七九〇年以降を「移民」経験として時代区分して描いた点である。しかも、アメリカ先住民も他大陸からの「移民」として描かれ、黒人奴隷も移住者に組み込まれて、アメリカ合衆国の壮大な「移住」「移民」物語として仕上がっている。もちろん、大いなる皮肉ではあるが。

ハンドリンのその後の移民国家アメリカの神話化への貢献としては、連邦移民入国審査施設があったエリス島の保全活動につとめたことが挙げられる。一九五四年に閉鎖された後は、何度か競売にかけられ、民間企業に宅地開発のため売却されかけた。しかし、巡礼始祖の「プリマス・ロック」同様、ヨーロッパ系移民が最初にアメリカの地を踏んだ場所としてエリス島は保存されるべきだと、ハンドリンは強く望んだ。

この提言の追い風となったのは、第二次世界大戦後の未曽有の経済的繁栄、GIビルなどの復員兵向けの手当てなどで、東欧・南欧出身者やその第二世代、第三世代までが米社会に急速に同化・統合されていき、「移民の国」アメリカ言説が戦後社会で強力なものとなっていたことがある。結局、エリス島は一九六五年、自由の女神国定史跡に加えられ、今日の移民国家アメリカの聖地への道を歩み始めたのである。

2　アジアから問い直す「移民国家」アメリカの歴史

ここまで、神話化された「移民国家」アメリカの歴史／伝統をみてきた。序章で述べたように、この移民国家論を前提とした「移民」概念をなぜ解体して、私たちは新たな分析枠組みを構築する必要があるのか。第二章以降の本論を理解するために、具体的に新しい方法論的視座を提示してみたい。

「アメリカの移民の歴史を描くことは世界史を描くこと」――人の移動のグローバル・ヒストリーへ

一九世紀に始まる近代歴史学とは、自分たちの国家や国民がどのような発展過程を経て今日に至ったのかという、国民国家の正統な来歴を実証的に明らかにする学問であったといえよう。近年の歴史学は、そうした一国史的な国民国家パラダイムを問い直そうとしているのだが、移民国家アメリカの国家的伝統はまさにその枠組みの基層部分に組み込まれており、いまもアメリカ史を呪縛し続けているように思う。ハンドリンによる「移民こそがアメリカ史そのもの」とのマニフェストは、移民の歴史がナショナル・ヒストリーでなくなることを阻止するための、あたかも封印呪文のように聞こえてくる。

だが、本書が目指す方法論的視座を、あえてハンドリンの向こうを張って宣言するならば、「アメリカの移民の歴史を描くことは世界史を描くこと」ということになる。

近代に誕生した国民国家には、特定の民族の血縁的連続性にもとづいて「伝統」を創造し、ナショナリズムを立ち上げた国家が多い。だが、移民国家アメリカはそれには当たらない。アメリカには、国民国家として政治的単位の人的土台となるべき「民族的単位」が欠如していたのだ。実際、英領植民地起源の国でありながら、イングランド出身者は建国当時の白人人口の六割に満たなかったし、総人口の約二割は黒人奴隷であった。総人口に占めるイギリス系の割合は、一九二〇年には四割弱、今日では一割強にまで減少している。

アメリカは「民族国家」としてではなく、移動・移住が作りだした世界史上にも特殊な「移民国家」として成立したのである。そこでは特定の民族や人種といった属性は不問とされ、国民が共有可能な、独立宣言や憲法に謳われた共和主義や自由といった啓蒙主義的「理念」が統合の核となった。

国民の成員となるためには、その「理念国家」の領域内で生まれたことが重視され、「出生地主義」が原則となった。南北戦争後に制定された憲法修正第一四条で明確に規定されたように、「合衆国で生まれ、あるいは帰化をした者、およびその司法権に属する者すべては、アメリカ合衆国の市民であり、その居住する州の市民」なのである（これについては第二章であらためて取りあげる）。

こうした歴史像が、旧世界ヨーロッパの「腐敗」に対置されるかたちで「自由の地」「約束の地」「人類の避難所」として自らを聖地化してきた移民国家アメリカの国家的伝統により補強されてきたことは、前節にみてきたとおりである。だが、序章でもふれたとおり、アメリカには高邁な理想を語る顔と、現実主義的で強欲な顔の二つがあることを思い出そう。啓蒙的自由を掲げる「理念国家」として出発しながら、黒人奴隷制という不自由を抱えてアメリカは船出したし、他の「民族国家」と同様、民族や人種、宗教、政治信条などを根拠に移民集団を排除する構造をもっていたのである。

これまで描かれてきた移民史の問題点は、「国民の物語」の主役としての「移民」がヨーロッパ出身者であることを暗黙の前提としてきたことである。自由意志で米国に渡ってきた渡航者として「移民」を特権的身分とし、黒人奴隷や年季契約奉公人、苦力《クーリー》などと区別し続けてきたのだ。

近年の歴史研究では、移住者の越境性（出身国とホスト国の両方に生活圏を持つこと）や出稼ぎ性（最初から定住目的で移住したのではないこと）が明らかになっている。しかし、従来のアメリカ移民史では、

「移民」は帰化・同化・アメリカ化という、一連のあらかじめ敷かれた予定調和の国民化のレール上を歩むことを宿命づけられた存在として、描かれてきたのである。

前節でみたように、たしかに北米英領植民地をルーツとして神話化する過程でも、自由の女神像のシンボル解釈においても、黒人奴隷や年季契約奉公人に関する歴史や記憶が巧妙にかき消されていたことを思い出してほしい。

また、従来の移民史では、移民がなぜ渡米したのか、その説明は出身国側の移民を押し出すプッシュ要因(出身国の政情不安、社会不安、経済不況、人口増、飢饉、差別・迫害)と、アメリカ側の移民を引きつけるプル要因(無尽蔵の労働需要、機会の平等、差別・迫害からの解放、家族呼び寄せ)という二国間モデルでなされるのが一般的であった。そして、移民史研究は移民のアメリカ上陸後から始まるという認識にたち、出身国と移民との継続的関係を視野に入れた世界史としては決して描かれることがなかった。

これについても、近年の歴史研究では、移民は決して片道切符を持って渡航したのではなく、出身国と米国を何度も往来するタイプが一般的で、またカナダや南米の移民国家やハワイなどとの往来、転航のタイプも多かったことが明らかになっている。

移住という行為を「移民」の主体的選択として重視してきたがゆえの二国間モデルなのだが、本書では、人の移動はより大きな世界史的展開、すなわちヨーロッパの近代における膨張、アジアの近代における植民地化と近代化など、世界が中心と周縁に構造化されていく世界システムの力学の結果とみるべきだと考える。実際に、大型ジェット旅客機が登場するまでの近代世界における国際交通の主役は、定期客船や貨物船であるわけだが、移民たちもこうした航路でグローバルな移動を行った。定期船の航路は、紛れもなく近代国民国家の海外膨張のルート、帝国と植民地の間に形成されたものなのだから、人の移動の説明を二国間モデルで完結させることなどできるはずがない。

アメリカの移民の歴史を世界史として描くということは、近代のグローバルな人流を構造的に把握したうえで、移民の歴史を叙述するということである。「移民」の人流を特権化せずに、奴隷貿易から苦力貿易、自発的な移民渡航まで、あらゆる人流を統合して検証することが第一義的に重要なステップであり、本書では、この枠組みを「人の移動のグローバル・ヒストリー」モデルと呼ぶことにする。

欧米諸国が近代国民国家を形成した「長い一九世紀」(フランス革命が始まった一七八九年から第一次世界大戦が始まる一九一四年まで)におけるグローバルな人流には、自由移民と並行して、不自由で強制的な多様な人流が混在し、これらの移動が相互に構造的に連鎖し、グローバルな広がりを持っていた点に特徴がある。植民地時代に遡れば、ニューイングランド以南の入植者の半分以上は白人年季契約奉公人であったたし、建国後も、中国人移民/苦力を含め渡航費を前借りしたかたちでの契約労働者の入国パターンは、一九世紀後半まで残存した。

つまり近代世界とは、決して「自由」一色で塗り固められていたわけではなく、「不自由」が共存する時代であった。世界規模で奴隷貿易が廃止され、奴隷解放が達成されるなか、世界の労働形態が「不自由労働」から「自由労働」へと不均等に移行していく時代が近代なのである。アメリカに即して言えば、奴隷制という不自由を抱えて船出した「奴隷国家」アメリカがいかにして、自由労働者からなる「移民国家」へと移行したのか。こうした観点から歴史をとらえ直すことで、従来の移民史を乗り越えることができるのではないか。

これまで、移民史と黒人史/黒人奴隷史は奇妙なほどに交差せず、別個の領域として研究が進められてきた。しかし、アジア系移民の問題は、じつは奴隷解放問題と不可分に結びついた社会問題だったのであり、本書ではこれらの研究を接続させる試みを積極的に行っていきたい。

「門衛国家」としての移民国家アメリカの誕生――「中国人問題」への対応

もう一点、「移民国家」神話が歪めてきた歴史像として、本書が扱う大きなテーマに、アメリカの移民行政の開始、ひいては移民国家アメリカの誕生の時期をとらえ直す課題がある。

一昔前の古い歴史学や社会学では、近代における大規模な人流を考慮せず、国境内に「国民」が定住する静態的な国民国家パラダイムがつくられた。そこでは、近代国家の成立と同時に、行政的にも国境における出入国管理体制が確立したかのごとくに描かれてきた。

しかし近年の研究では、国民国家が成立し、国境線で囲まれた領土により世界が覆われる近代になっても、国家は人の移動を管理・統制することができず、彼らを「国民」として囲い込むまでにはかなりの時間と労力を要したことがわかっている。「長い一九世紀」は「移動の世紀」であり、この時代の多種多様な大規模な人の移動のなかで、穴だらけの国境が出入国管理の制度を段階的に整え、「国民」そのものの境界が長い時間をかけて定められていったのである。

信じがたいことではあるが、一九世紀中葉まで、アメリカの移民受入港には出入国をチェックする連邦の移民行政官はおらず、検疫のための検査体制も脆弱だった。実際、アメリカで移民統計が取られ始めたのは独立から四〇年以上経った一八二〇年のことであり、移民の出入国管理は、基本的には自由放任の時代が長く続いた。アメリカでは、中央集権的なヨーロッパとは異なり、州が独自の権限で帰化法を制定し、(州)市民権付与の権限を持ち、港での出入国管理も行っていたのである。

第三章であらためて検討するが、連邦機関が直接に出入国管理に乗り出すのは、「中国人問題」への対応を契機として、一八八二年以降のことである。移民たちの東西の玄関であるニューヨークのエリス島とサンフランシスコのエンジェル島に連邦の入国審査施設ができたのは、それぞれ一八九二年、一九一〇年のことであり、ここからも一九世紀アメリカの移民管理のお粗末さがわかるであろう。

つまり、アメリカは独立直後から「移民国家」というわけではなかった。南北アメリカ大陸の歴史においても、一五〇〇年から一八二〇年までに新世界に渡ったアフリカ出身の黒人奴隷の総数とヨーロッパからの移住者の総数の割合は四対一であり、新大陸は圧倒的に奴隷労働に依存した空間だったのである。アメリカも、一八〇八年までは黒人奴隷貿易を継続し、一八六五年に奴隷制廃止を憲法で定めるまでは「奴隷国家」であったと考えるべきである。だとすれば、アメリカはどのようにして「奴隷国家」から離脱し、「移民国家」として誕生したのだろうか。

この論点を考察するにあたっては、人の移動史の観点から新しい国民国家論を提唱しているアメリカの社会学者ジョン・トーピーの議論が参考になる。

近年の国民国家論としては、制度論的な国家論を批判したベネディクト・アンダーソンの仕事がつとに知られている。アンダーソンは、「国民とはイメージとして心に描かれた想像の政治共同体」であると述べ、「国民」の境界をめぐる包摂と排除のポリティクスに焦点をあて、ナショナリズムの暴力性についての研究の裾野を一気に広げた。

だが、これに対してトーピーは、国民を「想像」するだけでは国民国家は成立しない、とアンダーソンの議論を批判した。そして、「移民国家」としてはその出入国記録が文書化されること、つまり実質的な移民行政と監視システムの確立をもって、国民国家成立の指標とすべきだとして、新しい分析視角を提示している(『パスポートの発明』)。

現在、我々が飛行機で海外に行く際には、必ずパスポートを所持する。国家により保証されたこの写真付き身分証明書で身元確認をして、出入国審査に臨む。だが、近代社会の国境管理がはじめからこのように体系化されていたわけではない。国家間での移動で国籍・身分を保証するパスポート・システムが世界各国に普及したのは、第一次世界大戦後のことである。

かつてマックス・ヴェーバーは、国家が個人から「暴力手段」を収奪することに成功し、国家だけが暴力を「合法的に」用いることができるようになったことを、近代の特徴として挙げた。つまり、国家による暴力の独占である。これと同じようにトーピーは、個人や私的な団体から合法的な「移動手段」を収奪することによって、近代国家とそれらからなる国際的な国家システムが誕生したと考える。

人々は空間移動の自由を奪われ、国家と国家システムの与える移動の許可（ビザ、各国の入国審査、税関）に依存し、アイデンティティ（身分）の所有（パスポート、外国人登録）においても国家に依存するようになった。移民国家アメリカの誕生を論じる際には、こうした人の移動の管理・独占という分析視角から、「長い一九世紀」を検証する作業が有効だと考える。

つまり、この立場にたてば、従来の神話化された「移民国家」の理想とは大きく異なる性格を、アメリカは有していたことになる。一方では「避難所」という自画像を保持しながら、「門衛国家(gate-keeping nation)」としての性格を段階的に強化していったことになるのだ。

中国人移民の制限については第二章で詳しくみていくが、それは一八七五年のページ法に始まった。そこでは「猥褻で不道徳な目的」での女性の入国が禁止され、国境線上でのセクシュアリティの管理が試みられた。一八七九年には量的規制、一八八二年には労働者の全面入国禁止とともに、「帰化不能外国人」というレッテルが貼られる。つまり、何年アメリカに居住しても、外国籍のままで市民権が得られない外国人性を背負うということ、また「非白人」としての地位が確定し、これがその後入国するすべてのアジア系移民にも影響を与えることになるのである。

こうして、これまでヨーロッパ系中心に論じられてきた移民国家の歴史をアジアから問い直すと、全く違う特徴が浮かび上がってくる。

エンジェル島の施設では、数週間、アジア系移民が拘留を余儀なくされることがざらにあり、アジア系は現在でいうところの「人種プロファイリング」の対象であったともいえ、すべてのアジア系が被疑者扱いされたともいえる。その後の第二次世界大戦中の日系人強制収容から、九・一一同時多発テロ以降の国土安全保障省のもとでの移民行政の厳格化まで――門衛国家としての移民国家アメリカ誕生の歴史から、その暴力的な監視システムの系譜をたどることができるのではないだろうか。

移民国家アメリカの「国民」形成――人種のポリティクス

最後に、三つ目の分析枠組みとして、移民国家アメリカにとり決定的に重要な法手続である「帰化(naturalization)」や、これを通じた「国民」の境界形成についてまとめておこう。

外国人である移民集団を法の擬制により「国民」へと転換する帰化は、アメリカの国民国家形成の根幹をなす法制度である。移民国家であるアメリカは、この帰化法の寛厳により、「国民」の境界を定義してきた。なかでも、建国後まもない一七九〇年に制定された帰化法で、市民権申請できる者を「自由白人」のみに限定する人種的定義が採用されたことが、アメリカ国民の包摂と排除の政治に重大なインパクトを持った。

アメリカ社会はこの規定から、WASP(White Anglo Saxon Protestant)文化を規範とする社会となり、「アメリカ人であること」が「白人であること(ホワイトネス)」と同義になる、「人種的想像の共同体」として、その国民の境界を排他的に維持することとなった。白人の純血の共同体を維持しようとする力と、人種的他者を排除しようとする力が同時に作用するアメリカで、人種主義が最も冷酷な姿を出現させたのは当然の結果であった。

外国からやってきた移民がアメリカ市民権を取得するための「帰化」手続きは、最初の申請をしてから、居住年限に関する条件などをクリアし口頭試験を受ける、二段階方式になっている。現在でも、永住権を取得してから五年以上米国に居住するか、米国市民と結婚して三年以上が経過していることなどが、条件となっている。

上述の「自由白人」の申請条件は、ヨーロッパ系移民にとっては何も問題にならなかったため、ヨーロッパ系移民を主たる対象とする移民史では、一九九〇年代まで人種の観点から移民の歴史が問われることはなかった。しかし、今日では、人種の視座を抜きにした移民史研究はありえない。

ここでも、一八八二年の排華法の第一四条で「連邦裁判所と州裁判所は中国人の帰化を禁ずる」と定められ、「帰化不能外国人」が誕生したことが、重要な意味を持ったのだ。排華法は、自由移民の原則が破られた点で大きな転機をなす法律であるが、それ以上に、この居住年限によらず帰化が許されない、差別的な内なる他者が創出されたことの歴史的意義が大きい。アジアからの移民は「自由白人」には該当しないことが、同法を契機に社会に広がっていったのだから。

「帰化不能外国人」は、これ以後、アジア系移民がみな背負うことになった国家による差別的刻印であり、この差別的境遇は第二次世界大戦後のマッカラン゠ウォルター法(一九五二年)まで続いた。また、この市民権を取得できない出稼ぎ労働者的非市民の創出は、今日のアメリカで深刻な問題となっている非合法移民問題や、外国人性を払拭できないエスニック・マイノリティの苦悩へと連なる系譜のはじまりをなすケースでもある。

要するに、現代の移民研究では、エスニシティ論や同化論ではなく、その分析視角の中心は人種のポリティクスとなる。

アメリカ合衆国が、人種主義的な文化の生成において世界史的意義を持つのは、それが黒人という「人種」を基礎とする奴隷制を生み出した点にある。

アメリカではこの奴隷制が南部経済に不可欠な存在として発展し、その無償の労働力を再生産するためと、白人の純血を守るために異人種間の婚姻を固く禁じ、奴隷の性を厳格に管理することで、世界にも類をみない「一滴血統主義(one-drop rule)」(黒人の血が一滴でも流れていれば、黒人とみなされる法的な人種分類)の原則が生まれた。人種秩序とは、常にセクシュアリティやジェンダーと交差しながら練り上げられている。南北戦争前に四〇〇万人にも達した黒人奴隷の存在が、アメリカ社会の人種観を決定的に規定したのである。

「アメリカ人」の境界をめぐる議論でしばしば引用される合衆国憲法の第一条にある、「各州の人口は、年季契約奉公人を含む自由人の総数をとり、課税されないインディアンを除外し、その他すべての人々の五分の三を加えたものとする」という文言を思い出してほしい。州人口の換算方式が示す条文で「その他すべての人々」とあるのが、実は黒人奴隷なのである。この悪名高い「五分の三条項」は、南北の政治勢力のバランスを保つという国政上の必要から生まれたものであった。この条項を含め、合衆国憲法には「奴隷」の言葉は登場せず、南北戦争が終結し、一八六五年に憲法修正第一三条で奴隷制の廃止が明記されたときに、初めて登場するのである。

本書では、この黒人奴隷制が解体される時期のアメリカへ、アジア系労働者が流入し、その後、いかなる人種のポリティクスが展開されたのかが大きな論点となる。その際、アメリカ社会で創られたリアルな「人種」については、一〇年ごとに実施される国勢調査(センサス)の人種分類を手が

1950	白人，ニグロ，中国系，フィリピン系，日系，アメリカ・インディアン，その他	
1960	白人，ニグロ，中国系，フィリピン系，日系，アリュート，アメリカ・インディアン，エスキモー，ハワイ，パート・ハワイアン，その他	1959年のハワイの州昇格を受けて「ハワイ」初登場
1970	白人，ニグロ or 黒人，中国系，フィリピン系，日系，コリアン，インディアン(米)，ハワイ [ヒスパニック／ラティーノ向け設問の登場]メキシコ系，プエルトリコ系，キューバ系，中米・南米，その他のスペイン系	人種とは異なる属性として，ヒスパニック／ラティーノ向け設問の登場．ヒスパニック系住民の多くは，人種分類では「白人」と回答
1980	白人，黒人 or ニグロ，インド系，中国系，フィリピン系，日系，コリアン，ベトナム系，アリュート，エスキモー，インディアン(米)，ハワイ，グアム，サモア [スペイン系／ヒスパニックの出自あるいは系統ですか？]メキシコ系，メキシコ系アメリカ人，チカーノ，プエルトリコ，キューバ，その他のスペイン系／ヒスパニック	「ヒスパニック」のカテゴリー初登場．ここで問われる「出自あるいは系統」は，国籍，血統，自分や先祖が生まれた国などを指す
1990	白人，黒人 or ニグロ，中国系，フィリピン系，コリアン，ベトナム系，日系，インド系，その他のアジア太平洋諸島系，アリュート，エスキモー，インディアン(米)，ハワイ，グアム，サモア，その他の人種 [スペイン系／ヒスパニックの出自ですか？]メキシコ系，メキシコ系アメリカ人，チカーノ，プエルトリコ，キューバ，その他のスペイン系／ヒスパニック	
2000	白人，黒人 or ニグロ，中国系，フィリピン系，コリアン，ベトナム系，日系，インド系，その他のアジア太平洋諸島系，アリュート，エスキモー，インディアン(米)，ハワイ，グアム，サモア，その他の人種 [スペイン系／ヒスパニック／ラティーノの出自ですか？]メキシコ系，メキシコ系アメリカ人，チカーノ，プエルトリコ，キューバ，その他のスペイン系／ヒスパニック／ラティーノ	2000年国勢調査から，複数人種の選択が可能となった．「自分自身が適切と考える一つないしはそれ以上の人種に☑をつけなさい」の質問（図1-7参照）
2010	白人，黒人 or アフリカ系アメリカ人 or ニグロ，インド系，中国系，フィリピン系，日系，コリアン，ベトナム系，その他のアジア系，アメリカ・インディアン，アラスカ先住民，ハワイ先住民，グアム，チャモロ，サモア，その他の太平洋諸島系，その他の人種 [ヒスパニック／ラティーノ／スペイン系の出自ですか？]メキシコ系，メキシコ系アメリカ人，チカーノ，プエルトリコ，キューバ，その他のヒスパニック／ラティーノ／スペイン系出自	

＊初回の1790年国勢調査から，この分類は，調査員が各世帯を訪問し，手引書に従って個々人の「人種」を判定して記入していた．だが，1960年からは回答者の自己申告が併用され始め，1970年国勢調査からは完全な自己申告となり今日に至っている．

表 1-1　国勢調査における人種分類(1790-2010 年)

年次	国勢調査上の「人種」分類の選択肢	備考
1790年	自由白人男性／女性，その他のすべての自由な人々，奴隷	初回から 1840 年までは自由白人／奴隷の区別が基本
1800	自由白人男性／女性，その他のすべての自由な人々，奴隷	
1810	自由白人男性／女性，その他のすべての自由な人々，奴隷	
1820	自由白人男性／女性，その他のすべての自由な人々，自由黒人，奴隷	
1830	自由白人男性／女性，その他のすべての自由な人々，自由黒人，奴隷	
1840	自由白人男性／女性，その他のすべての自由な人々，自由黒人，奴隷	
1850	白人，黒人，ムラトー	1850 年と 1860 年には奴隷用に別票が作られたため，一般の調査票から「奴隷」が消滅．白と黒のカラー分類が初登場．ムラトー(Mulatto 混血)が初登場
1860	白人，黒人，ムラトー，中国系，インディアン	「中国系」初登場．「インディアン」は，部族生活を放棄し州市民の権利を享受する者のみ調査対象へ
1870	白人，黒人，ムラトー，中国系，インディアン	
1880	白人，黒人，ムラトー，中国系，インディアン	
1890	白人，黒人，ムラトー(ここでは二分の一混血の意味)，四分の一混血(Quadroon)，八分の一混血(Octoroon)，中国系，日系，インディアン	「日系」初登場．混血の細分化
1900	白人，黒人，中国系，日系，インディアン	
1910	白人，黒人，ムラトー，中国系，日系，インディアン，その他	
1920	白人，黒人(ニグロ)，ムラトー，中国系，フィリピン系，ヒンズー，日系，コリアン，インディアン，その他	「フィリピン系」「ヒンズー」「コリアン」初登場
1930	白人，ニグロ，メキシコ系，中国系，フィリピン系，ヒンズー，日系，コリアン，インディアン，その他	混血のカテゴリーは 1900 年にいったん消滅し，1930 年以降は完全消滅．統計上の「一滴血統主義(one-drop rule)」の導入の徹底，米社会は白／黒の二分法へ．「メキシコ系」初登場．しかし，メキシコ政府からの抗議により，次回には消滅．メキシコ出身者はこれまで通り「白人」分類
1940	白人，ニグロ，中国系，フィリピン系，ヒンズー，日系，コリアン，インディアン，その他	

かりにして、その時代の人種秩序や国民統合のかたちを知ることができる。

　例えば、上述の「自由白人」の条件に、なるほど「モンゴロイド(黄色人種)」の中国人移民や日本人移民はあたらないので、市民権を得られず差別されたのか、と早合点してはいけない。「白人」とは誰なのかという、「人種」の概念は一九世紀段階では決して明確ではなかったのだ。読者のなかには、いまだに「ヨーロッパ人＝コーカソイド(白色)人種」、「中国人、日本人＝モンゴロイド」、「黒人＝ニグロイド(黒色)人種」といった等式を信じて疑わない人が多いのではないだろうか。しかし、理論と現実は全く異なるのだ。

　一七九〇年に世界に先駆けて実施された国勢調査の二〇一〇年までの人種分類をまとめたものが表1-1である。これをみると、奴隷制があった時代には「自由白人」と「奴隷」の身分区別が基本で、奴隷制が揺らぎ解体される時代になってはじめて、アメリカ社会では「白人」「黒人」「ムラトー」などの人種カテゴリーが登場することがわかる。

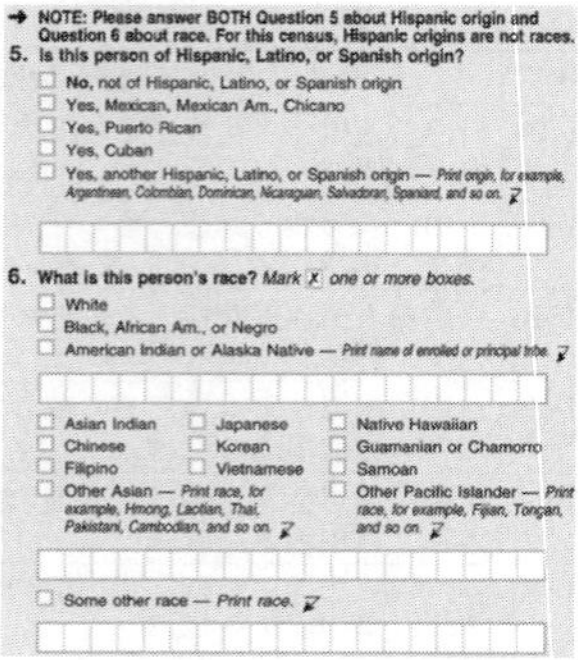
→ NOTE: Please answer BOTH Question 5 about Hispanic origin and Question 6 about race. For this census, Hispanic origins are not races.
5. Is this person of Hispanic, Latino, or Spanish origin?
☐ No, not of Hispanic, Latino, or Spanish origin
☐ Yes, Mexican, Mexican Am., Chicano
☐ Yes, Puerto Rican
☐ Yes, Cuban
☐ Yes, another Hispanic, Latino, or Spanish origin — *Print origin, for example, Argentinean, Colombian, Dominican, Nicaraguan, Salvadoran, Spaniard, and so on.*

6. What is this person's race? *Mark ☒ one or more boxes.*
☐ White
☐ Black, African Am., or Negro
☐ American Indian or Alaska Native — *Print name of enrolled or principal tribe.*
☐ Asian Indian
☐ Japanese
☐ Native Hawaiian
☐ Chinese
☐ Korean
☐ Guamanian or Chamorro
☐ Filipino
☐ Vietnamese
☐ Samoan
☐ Other Asian — *Print race, for example, Hmong, Laotian, Thai, Pakistani, Cambodian, and so on.*
☐ Other Pacific Islander — *Print race, for example, Fijian, Tongan, and so on.*
☐ Some other race — *Print race.*

図1-7　2010年国勢調査の人種回答用紙
人種に関する質問6が，複数人種の回答が可能となっていることに注意(終章参照).

　また、アジア系移民に目をやれば、彼らが「モンゴロイド」と分類されたことは一度もなく、

「白人」「黒人」「インディアン」と並んで、「日系」(一八九〇年初出)や「中国系」(一八六〇年初出)は一貫して別々の人種カテゴリーとして記載されていることに注意したい。

これと同様に、ヨーロッパ系も「コーカソイド」と分類されたことはなく、「白人」という、アメリカでは「国民」と同義の大きなカテゴリーが用意され、アジア系のような民族集団ごとの細分化はなされなかった。この点だけからすれば、「ヨーロッパ人=白人」という等式が正しいと考えるかもしれない。

しかし、アイルランド系、イタリア系、ユダヤ系などは、一九世紀の米社会では差別される側にあり、ヨーロッパ系移民でありながら「白人であること」が自明ではなく、それを闘いとらなければならない立場にあった。逆に、中国人や日本人のなかには、帰化申請の「自由白人」の条件をクリアして帰化権を認められた者が、一九一〇年までに一七八八名いた。「白人」概念は、少なくとも世紀転換期までは、境界に位置するこうした移民たちにとって、参入可能なカテゴリーであり、可変的な人種区分であったからこそ、アジア系とこれら白人エスニック集団がしばしば対立したのである。

それでは、次章以降、国民の境界をめぐるこうした人種のポリティクス、白人/非白人の境界形成に「中国人問題」や「日本人問題」がいかに関わったのかを、明らかにしていこう。その際、各章ごとに表1-1に立ち戻って、どのような人種分類上の変化が起きていたのかを確認してみよう。

第二章　中国人移民と南北戦争・再建期

1　中国人移民のはじまり

奴隷解放期の人の移動のグローバル・ヒストリー——激変する国際労働力市場

この章では、太平洋を渡った最初の移民集団である中国人の歴史をみていこう。人が国境を越えて移動することは、人類の歴史上、日常的に繰り返されてきた。世界史上、この人の移動が本格化し、大洋を渡るようになったのは、一五—一六世紀の大航海時代に入ってからのことである。その後、すでに各海域に形成されていた航路をつなぎあわせながら、ヨーロッパ資本主義のグローバルな拡大、いわゆる「近代世界システム」の展開があり、ヒト・モノ・カネの流通網が形成され、それら流通網の拠点に領事館などの外交施設が開設されていき、近代的な外交関係が成立していった。

黒人奴隷という「世界商品」が大量に流通することとなったのも、この近代世界システムの拡大・発展ゆえである。「中間航路」と呼ばれる、奴隷船での悪名高い旅路を経て、推定一二〇〇万人以上の黒人がアフリカ大陸から流出し、植民地へと輸出された。プランテーションでの彼らの強制労働によって産みだされた砂糖や綿花、コーヒー、タバコなどの「世界商品」が莫大な富をもたらし、ヨーロッパの産業革命に必要な資本蓄積をもたらした。

現在、その子孫はヨーロッパ、南北アメリカ大陸、カリブ海域など世界各地に居住しているが、この黒人のグローバルな離散状況は「ブラック・ディアスポラ」として、環大西洋世界の人流を考えるうえでの研究の柱となっている。

だが、このような離散現象は、黒人に限られたことではない。華人ディアスポラと呼ばれる、東南アジアや南北アメリカなど世界各地に居住する華僑・華人・華裔の総数は、現在、推定三〇〇〇—三五〇〇万人にのぼる。日系人の場合でも、現在二五〇〇万人ほどの海外居住者がおり、コリア系(朝鮮半島出身者)の場合でも、七〇〇万人が居住しているとされる。これらアジアからの海外流出に共通しているのは、アヘン戦争(一八四〇—四二年)から世紀転換期までの時期を流出の契機としていることであり、まさに東アジア世界が近代世界システムに包摂される時期と重なっている。

さらに重要なのは、黒人奴隷貿易が一九世紀前半、イギリス(一八〇七年)を皮切りに、アメリカ合衆国(一八〇八年)、オランダ(一八一四年)、フランス(一八一七年)と漸次廃止されるのだが、この激変する国際労働力市場では当初から、アジアからの労働者は、黒人奴隷に代替するものとして眼差されていた点であろう。

序章でもふれたように、近代における人流を、歴史学はこれまで自由意志にもとづく移民に限定して考察し、奴隷の存在しない世界として近代を措定する傾向にあった。しかし、実際には黒人奴隷貿易総数の約三分の一は、一八世紀後半以降の近代世界での取引である。

奴隷制廃止という世界史的な共通体験についても、「抑圧」的な隷属身分から解放されて、解放奴隷が完全なる「自由」を享受できるようになったと理解しては、近代の現実を見誤ることになる。奴隷解放期にプランテーションに導入された新たな労働形態は、決して奴隷制と対極的なものではなく、「再版奴隷制」とでもいうべき、奴隷制の新たな形態であった。

実際、暴力的な即時無償解放に近いかたちで奴隷解放が達成されたのは、ハイチ(一八〇四年、革命によってフランスから独立)と、南北戦争(一八六一—六五年)の惨禍を経験した米国のみである。他の大多数の国々では、有償方式の漸次的解放が目指された。各国政府は、世界商品の生産継続と奴隷制廃止による労働力喪失の補塡のため、経営者に対し有償対応した。そこで導入されたのが契約労働制であり、その典型的なものが中国人労働者の導入だったのだ。

図2-1は、南北アメリカ大陸各国の独立年、奴隷解放の実施状況、中国人労働者受け入れおよび清との条約締結の情報をまとめたものである。これにより、ラテンアメリカ諸国が一九世紀前半に一斉に独立し、奴隷解放を漸次達成するなかで、多くの国が世界商品の生産を維持するために黒

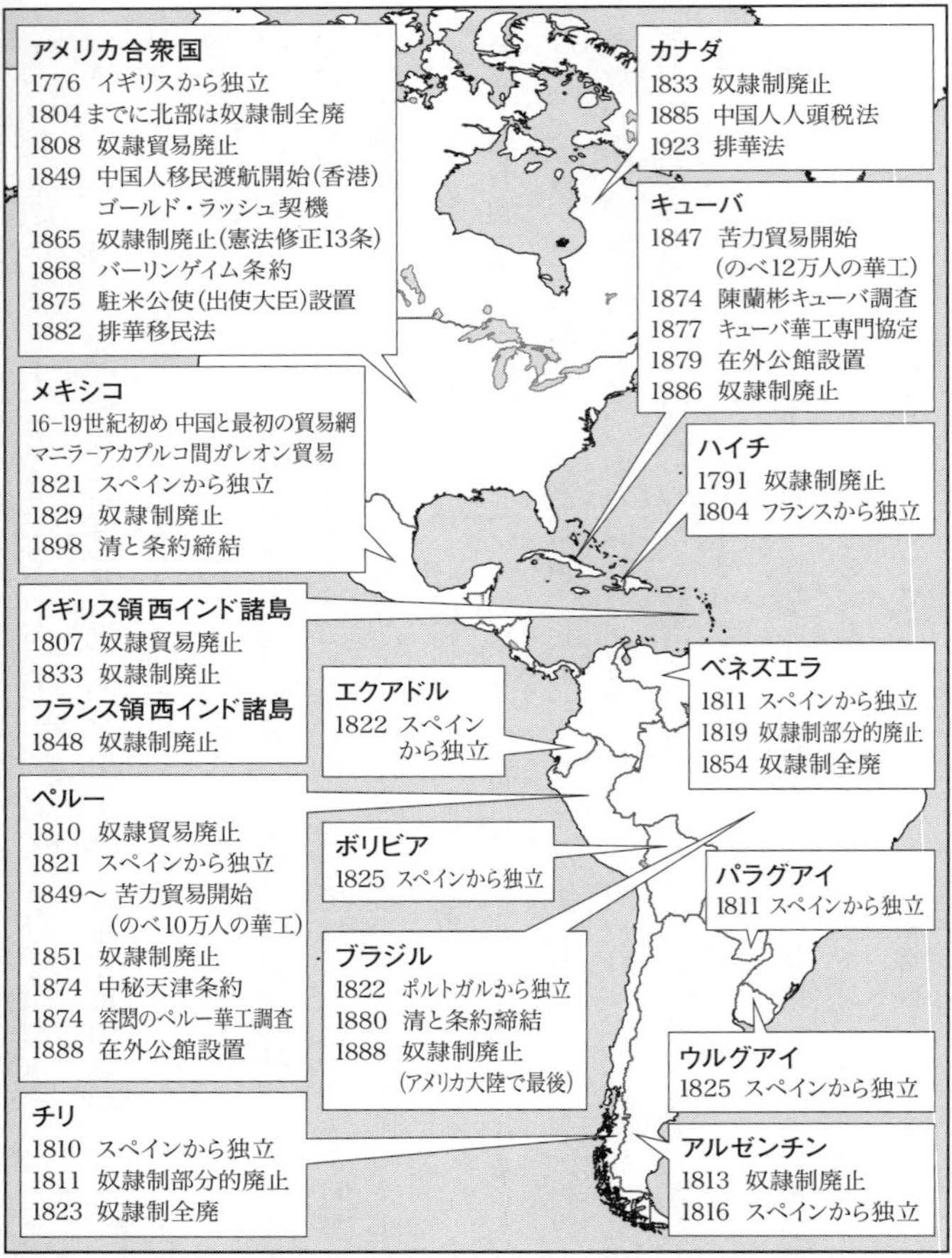

図 2-1 南北アメリカの奴隷制廃止と中国人移民

人奴隷に代わって「苦力《クーリー》」と呼ばれる隷属的な中国人労働者の導入を実施・検討したことが確認できるだろう。

アメリカ合衆国の場合、一九世紀中葉の清朝統治下の広東から太平洋を渡りサンフランシスコに上陸した中国人移民は、半世紀の間にのべ約三六万人にのぼった。この人数は、奴隷貿易禁止前のアメリカの黒人奴隷の輸入数(三〇万五〇〇〇人)とほぼ同じ規模であることを付言しておこう。

この中国から海を渡った人流は、これまでの移民史研究では「苦力」とは区別され、中国側のプッシュ要因(人口増、食糧逼迫、自然災害、農民の経済困窮、アヘン戦争などによる政治的・社会的混乱、海外移住の伝統)、米国側のプル要因(ゴールド・ラッシュ、金採掘ブーム、大陸横断鉄道建設などの労働需要)でその移住が説明されてきた。渡航システムも、渡航費を前借りし年季契約労働の制約を負うものの、年季明けの自由が保証されている「クレジット・チケット・システム」と呼ばれるタイプのものであったことが知られている。

一八四八年当時で、香港・サンフランシスコ間の渡航には平均四五日かかり、船賃は約五〇ドル、その他諸経費込みで七〇ドルを前借りし、四年の契約労働についた。ちなみに一八六〇年代の広東界隈の労働者の平均収入は月額三―五ドルだった。それに比べ、カリフォルニアの鉄道建設現場で働けば月額三〇ドルになった。

渡米した中国人たちは、みな広東地域の香港周辺や珠江《しゅこう》デルタ地帯の出身であり、カリフォルニアに生活の場を確保した彼らは、出身地域別の会館を設立し、その総括組織である「六公司(Six Companies)」を中心にしてコミュニティを形成するようになった。サンフランシスコ市の中心部で、彼らは未成熟ながらもチャイナタウンを形成し、生活文化や同郷的結合関係を保ち、出身地への送金を絶やすことなく、太平洋をまたぐ越境的なコミュニティを形成していった。

しかし、米国に向かった人流を何と呼ぶべきかはあとで論じることにして、広東から流出した人流が、奴隷制廃止に伴う国際労働市場再編というより大きな歴史的文脈で引き起こされたものであることは明らかだろう。アジア系移民の歴史においては、まず一九世紀の環太平洋世界が、奴隷と自由移民の狭間に位置づけられた人々の移動空間だったことを忘れてはならない。

中国人労働者は、当時一般的に「苦力」と呼ばれ、その「苦力貿易」は、しばしば奴隷貿易と同一視されていた。アヘン戦争後の一八四二年の南京条約の結果、イギリスの直轄植民地となった香港やポルトガル領マカオ、福建省のアモイがこの貿易の輸出港の役割を果たすこととなった。そうした積出港には「バラクーン(barracoon)」と呼ばれる監獄式の建造物が作られたが、バラクーンとはもともと黒人奴隷の収容施設を意味する言葉であった。

清朝政府はこの当時、海外渡航を全面禁止していた。その背景には、清朝の世界観、いわゆる「中華思想」があると言われている。自らを地理的・文化的中心とみなす優越意識をもとに、海外流出者は「逃犯」「棄民」「化外《けがい》の民」と蔑視された。欧米各国の圧力もあり、アロー戦争後の一八六〇年の北京条約によってはじめて海外渡航を公式に認可するが、清朝政府は一八九三年に方針転換するまで、一貫して在外居留民保護に消極的な姿勢をとり続けた。

第四章で述べる近代日本の海外同胞に対する介入政策とは対照的に、中国系移住者は国家による保護を得られぬ状況下で、四四〇万人以上の者が東南アジアや南北アメリカ、オーストラリア、南アフリカへと流出したのである。

図 2-2　黒人奴隷に等しい立場の中国人苦力／移民

(上)「船上の平穏を守るため」(『ハーパーズ・マガジン』1864 年 6 月号). 船上で黒人奴隷のように鞭打たれる苦力.

(下)「太平洋岸の騎士道」(『ハーパーズ・ウィークリー』1869 年 8 月 7 日). 米清間の条約締結で中国人移民奨励策が打ち出されるものの, カリフォルニアでは依然として黒人奴隷のように中国人労働者が虐待されていることを批判する風刺画.

一八五二年のアモイでは、中国人労働者が、裸体のまま、各々の目的地に応じて胸に「C」「P」「S」などの文字(それぞれキューバ、ペルー、ハワイのサンドイッチ諸島)の烙印が押されている姿が目撃されていた。一八七四年に募集が停止されるまで、少なくとも総計五〇万人あまりの苦力たちが、植民地経営に必要な労働力として輸出されたといわれている。

駐米公使補としてペルーにおける苦力貿易の実態を伝えた容閎《ようこう》(一八二八―一九一二)の自伝『西学《せいがく》東漸記《とうぜんき》』にも、同様の観察記録がある。そこには「事実上中国人労働者は一生奴隷となってしまう。……思えば、一八五五年に私がマカオに行って最初に見た光景の一つは、一列の貧しい中国人苦力がめいめいの弁髪でたがいに数珠つなぎにされて、まともに見ていられぬ奴隷さながら、輸出用人夫小屋(バラクーンのこと)の一つに引かれていくところだった。……中国人苦力たちは、むち打たれたために、背中がどんなに破れ、傷つき、曲っているかを示す二四枚の写真を私は報告書に添えて送った」(百瀬弘訳)とある。

こうして中国人労働者が奴隷視される状況を、同じアジアの日本人はどのように見ていたのか。一八七一年から七二年にかけて約八カ月間、アメリカ社会を見聞してまわった岩倉使節団に随行した久米《くめ》邦武《くにたけ》(一八三九―一九三一)にも、中国人労働者への冷めた言及がある。

不潔な中国人街に集住し非同化の姿勢をつらぬき、白人の排斥運動のターゲットとなっている中国人は、こうなってはならない反面教師そのものであった。「太平海郵船、往来の度ごとに、下等の船室には、清人三四百人乗込ざることなし。清人の性たる倹嗇《けんしょく》にして、又国俗を改むるを忌嫌ふ。此州にあるとも、弁髪裒衣《べんぱつほうい》し、日常の需用品は、みな本国より取寄せて用ふ。……而《しか》して余金を蓄へて、国に帰るもの日月常に多し。総計を概算すれば、年々米国より金一千余万弗を、清国に輸送するなり。且之《かつこれ》がため米国の傭夫、其職役の地を奪はるるにより、清人の渡来を禁ぜんことを抗議すれども、如何ともしがたしと云」(田中彰校注『特命全権大使 米欧回覧実記』第一巻、岩波文庫)。

だが、ここでは中国人を観察する立場にあった日本人も、自らが奴隷の亜種として、西洋から観察される立場に立たされるのである。そのことは、第四章で「元年者《がんねんもの》」のケースとしてみることになろう。

中国人移民の流入とサンフランシスコの都市形成

では次に、移民受入地であるアメリカのカリフォルニアへと焦点を移そう。サンフランシスコにおいて、中国人移民はどのように受け入れられたのか。また、サンフランシスコはいかなる都市形成を経験したのだろうか。

一八四六―四八年のアメリカ＝メキシコ戦争の結果、現在のアメリカ南西部が合衆国領に併合され、アメリカの西漸運動はついに太平洋岸に到達した。この出来事は、西部地域が東部資本との関係を持つ契機となった一方、アメリカとアジアとの本格的な交流の時代を予感させるものでもあった。以後、西部地域では金採掘や大陸横断鉄道の建設、そして一八八〇年代以降は南カリフォルニアのオレンジをはじめとする農業の発展が労働力需要を生み、これらが大量の移民を引きつける直接のプル要因となった。

太平洋を渡った中国人の合衆国流入には大きく二つの波がある。最初の波は、一八四八―五四年頃のゴールド・ラッシュを契機とするものである。一八四九年だけで、サンフランシスコには六〇〇以上の船が来港し、海路・陸路あわせて九万人余の人々が一攫千金を夢見て世界中から上陸した。そのいち早く現地入りした移住者のなかに、香港のアメリカ人宣教師らから情報を得た中国人や、ハワイで砂糖製造に従事していた中国人がいた。彼らはみな「(旧)金山」と呼ばれていたサンフランシスコを目指したのである。

一八六〇年代後半からの二つ目の波は、一八六九年に完成するセントラル・パシフィック鉄道の建設が影響している。鉄道王リーランド・スタンフォードらは、山岳地帯の危険を伴う建設現場に積極的に中国人労働者を導入し、一八六九年には一万人の建設労働者のうち九〇〇〇人までが中国人であったといわれる。

カリフォルニア州内の中国人人口は、一八六〇年には鉱山地区に八六%が集中し、市内には七・八%しかいなかったものが、七〇年代以降、鉄道建設の終了とともに、サンフランシスコへの集住傾向が強まった。七〇年代以降に発生する排華運動の背景には、山岳地帯にいた中国人労働者がサンフランシスコへの集住を開始したことが関係している。

では、アジアからの移民の玄関口、サンフランシスコとはどのような都市だったのだろうか。サンフランシスコ(旧名イェルバ・ブエナ)は、併合当時には人口わずか八〇〇人ほどの小さな港町であったが、一八四八年一月二四日のサクラメント渓谷での金鉱発見を契機に、その運命は大きく変わることになった。二年後には、「一八五〇年の妥協」と呼ばれる南部・北部間の政治的合意により、カリフォルニアは全米三一番目の州として、しかも奴隷制問題が国論を二分するなか「自由州」(奴隷制を認めない州)として連邦に加盟した。

港町サンフランシスコは、金鉱採掘者たちの滞留地として一八五〇年には二万五〇〇〇人、一八五二年には三万六〇〇〇人へと一気に人口が膨れあがり、たちまち「即席都市」ができあがった。人口は急増し、一八七〇年以降は全米で十指に入る大都市へと変貌していった(表2-1)。

一九世紀後半には大規模な都市開発とインフラ整備が行われ、また米領となった直後から、移民たちが持ち込む世界各国の商品が流通し始め、商業エリアは活況を呈した。例えば、一八五二年にはイタリア系移民のドミンゴ・ギラデリが最初のチョコレート工場(サンフランシスコのお土産の定番)を建て、一八五三年にはユダヤ系ドイツ人のリーバイ・ストラウスが港湾労働者向けの作業用パンツの製造・販売を開始している。

こうしてメキシコ領の小さなプエブロ(村)から大都市へと急成長したサンフランシスコは、他の

表 2-1　サンフランシスコの人口構成(1852-1900 年)

		1852年	1860年	1870年	1880年	1890年	1900年
総人口 (全米都市別順位)		36,151	56,802 (15 位)	149,473 (10 位)	233,959 (9 位)	298,997 (8 位)	342,782 (9 位)
男女別	男性	30,625	34,776	86,182	132,608	169,800	184,866
	女性	5,526	22,026	63,291	101,351	129,197	157,916
	(女性比率)	(15.3%)	(38.8%)	(42.3%)	(43.3%)	(43.2%)	(46.0%)
出生地別	米国生	17,118	28,348	75,754	129,715	172,186	225,897
	外国生	19,033	28,454	73,719	104,244	126,811	116,885
人種別	白人	35,531	78,293	136,059	210,496	270,696	325,378
	黒人	323	1,800	1,330	1,628	1,847	1,654
	中国人		3,130	11,728	21,213	25,833	13,954
宗教別	カトリック		6,050			70,670	
	ユダヤ		1,110			4,075	
	プロテスタント		10,250			18,127	

都市にはみられないほど多様な移民集団を抱え、コミュニティを形成した。表2-1にあるように、アメリカ生まれと外国生まれの住民比率が、一八九〇年までほぼ同率で推移し、外国生まれではアイルランド系と中国系がほぼ拮抗していた。なかでも大陸横断鉄道完成(一八六九年)後、サンフランシスコ市への集住傾向を強めた中国人移民が、一八七〇年から九〇年にかけて総人口の一割弱を占め続けた点は、他のアメリカ東海岸の移民受入都市と比較しても特異である。

人種構成では圧倒的な白人優位の都市で、自由州であったため黒人人口が極端に少ないのが特徴である。宗教別人口では、カトリックが一八六〇年時点で全体の三四%を占め、白人人口が大勢でありながら、いわゆるWASPが支配的な都市ではなく、アイルランド系のカトリック住民が大きな比重を占めていたことがわかる。つまり、同市では白人対有色（中国人とわずかな黒人）という対抗関係以上に、都市全体を覆う構図としてはWASP対非WASP系住民という対立の構造が形成されていたのである。

このベイエリアのもうひとつの特徴は、圧倒的な男性単身者社会として形成された点にある。一八五二年時に総人口の約八五％を占めた男性労働者で溢れかえる都市空間のなかで、家族的なるものとは無縁に、白人労働者は男性支配的でホモソーシャルな階級文化を作っていった。男性社会の欲望は、すぐにバーバリー・コーストのような歓楽街を出現させ、ギャンブル、酒場、売春宿、サーカス、ミンストレル・ショーなど、快楽を追い求める男性たちのための娯楽を作りだした。

ただし、サンフランシスコではもともと人種・エスニシティ別の棲み分けがあまりなされることなく、階級別に分化が進んだとされる。唯一、弁髪をたらし本国での暮らしを再現した生活を送るチャイナタウンだけが、異彩を放っていたといわれる。それ以外は、市を二分する大通りであるマーケット街の南側に貧しい労働者階級の混住地区が形成され、富裕層は丘の上のノブ・ヒル地区という具合に棲み分けが行われた。

このノブ・ヒル地区に大邸宅を構えたのは、大陸横断鉄道の建設で巨万の富を得た、「ビッグ4」と呼ばれるスタンフォードらであった。ちなみに、この地区はチャイナタウンの西側に隣接する地域であり、この富裕層が住むノブ・ヒル地区の大邸宅と、対照的なチャイナタウンの阿片窟などをめぐるスラミング(スラム街をまわる観光)がサンフランシスコ観光の定番となった。

排華運動の構図とカリフォルニアの政治文化

では、サンフランシスコ社会において排華運動はいかにして広がったのか。また、その背景にはいかなる地方政治の力学が働いていたのだろうか。

ゴールド・ラッシュを契機に西部へと流入を開始した中国人を待ち受けていたのは、白人労働者らによる剝き出しの排外主義であった。金採掘の現場では、アメリカ生まれの白人が外国人を締め出すために、一八五〇年には外国人鉱夫への特別課税が決定する。一八五二年以降、中国人が州最大の外国人グループとなると、白人鉱夫による排斥運動の矛先は中国人へと向かった。

そのため、中国人が金採掘に乗り出すのは、金の採掘量が減り、白人が放棄した廃鉱が多くなってからのことだといわれる。それゆえ、中国人移民の最初のアメリカ経験は、当時カリフォルニアで歌われた「選鉱鍋をゆすれば、一日五〇〇ドル」という夢のような世界とはかけ離れたものとなったのである。ちなみに、この法が一八七〇年に無効となるまでの一八年間で、カリフォルニア州は中国人から五〇〇万ドルという巨額の税収をあげた。

その後も州政府による差別待遇は続いたが、その背景にはカリフォルニア特有の政治文化があった点に注意を喚起しておきたい。カリフォルニアが自由州として州昇格を要請するために開いた一八四九年の州憲法制定会議では、「いかなる場合にも奴隷制と不自由労働を認めない」という条項が満場一致で採択されている。この決意表明は、自由の地カリフォルニアに移住し、政治を担うべきは、自由労働者である白人共和主義者であるとの明確なビジョンを持っていたことを示している。

この「自由労働イデオロギー」は、エリック・フォーナーが論じるように、すべての労働者が労働の糧を自己のものとして所有し、恒久的な「賃金奴隷」となることから逃れて、「自由」身分の男性市民が政治的公共を担うというイデオロギーのことである(『アメリカ 自由の物語』上)。

一九世紀前半に成立し、奴隷制反対を謳う共和党の政治信条の支柱となった、自由労働と奴隷労働とを差別化するこの観念は、南北戦争までには北部の「自由」を定義する中心的な要素になっていった。西部には、黒人奴隷制こそなかったものの、年季契約に縛られた中国人移民がおり、この「自由労働」の政治規範がカリフォルニアのマイノリティ政治の決め手となっていく。

カリフォルニア州政治は出発の時点から、「自由白人」の厳格な線引きにこだわり、不自由労働に対する不寛容な態度を徹底させており、不自由労働者＝非白人人種に対するネイティヴィズムが、カリフォルニアの政治文化にすり込まれていた。

こうした露骨な排外主義が出現した理由としては、カリフォルニアが政治の中心ワシントンから遠く離れていたことが大きい。奴隷制を争点に争われた南北戦争中も、カリフォルニア州は自由州でありながら連邦の徴兵対象にもならず、総じて蚊帳の外に置かれた。むしろそれゆえに、南北対立という国内の政治的構図に巻きこまれず、アメリカ＝メキシコ戦争の軍事的勝利によって完成したアメリカ「帝国」形成の象徴的な都市となった。

この戦争による併合地としての性格が、圧倒的な暴力性を帯びていたフロンティアに近いという地理的条件とも相まって、特異な人種秩序意識を生み出す要因となったのである。メキシコ系一世からの土地収奪と同様、アメリカ西部は先住民との絶えざる抗争のなかにあり、一八四五年当時、推定一五万人はいた先住民人口が、一八七〇年には病気や飢餓、騎兵隊による虐殺的攻撃により、三万人足らずにまで激減したとされる。

だが、中国人移民の排斥運動に話を戻すと、彼らは白人排外主義者に囲まれ四面楚歌の状況にあったわけでは決してない。地元にも積極的な擁護者がおり、後述するように、すでに地元住民による排華運動が隆盛となっていたにもかかわらず、一八六八年に連邦政府は清朝政府とバーリンゲイム条約を締結し、中国人の自由渡航を合法化し、中国人受入奨励策を採った。大陸横断鉄道の建設労働者など西部開拓を推し進め、急速な産業化・工業化を図るアメリカの労働需要に合った産業労働力を創出し、移民奨励策を採ることが共和党政権の生命線であったからである。

この中国人移民の積極受入策は、カリフォルニア経済を支配する鉄道関係者や貿易関係者によっても支持された。彼らにとって中国人労働者は、かけがえのない労働力であった。鉄道会社の幹部は、市議会や州政府で証言を求められた時などには、中国人労働者がカリフォルニアの経済発展に貢献していると主張した。鉄道王たちも、例えばスタンフォードは、「中国人がいなかったならば、偉大な大陸鉄道の西側半分は完成不可能であっただろう」と語り、別の一人であるチャールズ・クロッカーも、「中国人労働が白人労働に与える影響は（白人労働者の地位を）引き下げる傾向ではなく、むしろ引き上げる傾向だと信じる」と主張した。影響力の強い経済人が擁護に回っていたことは、後に都市全体を巻き込んで排華運動が展開していく要因を探るうえで重要である。

製造業者にとっても、低賃金で長時間労働に耐える勤勉な中国人は理想的な労働者であった。南北戦争期には中国人労働者は、東部からの工業製品流入の減少を受けて急速に成長した地元向けの衣料・タバコ・靴などの消費財部門の生産に多く雇用されていった。しかし、この部門はもともと非WASP系のアイルランド系労働者が多く雇われていたため、中国人と彼らとの間で激しい競合関係が起こり、排華の契機となった。

経済界が中国人擁護の論陣を張ったのはつまるところ、古い労働運動の伝統を持ち込んでいたヨーロッパ系移民に比べて、彼らが扱いやすい安価な労働力であったためである。

こうしてアイルランド系労働者を筆頭に非WASP系労働者が排華運動を展開したのは、中国人労働者が不当に安い賃金で働く不自由労働者としての性格を持っていただけでなく、サンフランシスコの都市全体を覆うWASP対非WASP系住民という対立の構造において、中国人問題が都市を支配するエリート層への抵抗運動のための結集要因となっていたためと言えよう。

またこれに加えて、圧倒的な男性社会として誕生したサンフランシスコのジェンダーをめぐる政治も、排華運動の展開に深く関わっていた。先に述べたようなゴールド・ラッシュ期の男性支配的な文化は、徐々に規律化されていく。一八七〇年代頃からは世帯を持つ労働者が増え、ヴィクトリア朝的家族が理想とされるようになると、中国人売春婦が大きな社会問題となった。また、女性の職域とされた家政婦の仕事に中国人男性が進出していたことも、排華の可燃材料となっていったのである。

最初の大きな排華暴動が起きたのは、一八六七年二月であった。州知事選で、図2-3の知事選ポスターにあるように、人種差別的立場から中国人の流入規制を強く主張した民主党候補が圧勝、同時に行われた州議会選挙でも民主党が多数を占めた。このような状況下で、数百人の白人労働者が建設工事現場の中国人労働者を襲撃し、さらに中国人が雇用されていた衣料・繊維関係の工場を破壊、襲撃した側にも中国人側にも多数の負傷者が出た。事件の首謀者ら一二名は警察に逮捕され、裁判の結果有罪を宣告されたが、職人や熟練工からなる労働組合幹部によって組織された「反クーリー・クラブ」が市議会に圧力をかけると、市議会は犯人を恩赦扱いとする決定を下した。

以後、市当局は中国人に対する差別的な条例を制定し、民衆の排華運動に同調する姿勢をみせた。例えば一八七〇年には、中国人の商いを規制する目的で、天秤棒を担いでの道路通行を禁止した。

また一八七三年には、断髪を義務づける「弁髪条例」が中国人男性の囚人を標的に制定されたのである。

サンフランシスコで排華運動がさらに激化するのは、一八七〇年代後半のことである。一八七七年時点で市の失業率は一〇％を超えており、深刻な経済不況を背景に、労働者たちが再び中国人問題を焦点として政治的に結集する土壌が形成された。

一八七七年七月二三日、合衆国勤労者党によって主催された集会の解散後、参加者の一部が「洗濯屋を壊せ」「俺たちは奴隷ではないよな、そうだろう」などと連呼しながら、チャイナタウンの店舗やキリスト教伝道団体の施設、太平洋郵便汽船会社(Pacific Mail Steamship Company)などを襲撃した。さらに暴徒化した民衆が三日間にわたって工場などを襲撃・放火し、最終的には死傷者一八名の大惨事となり、チャイナタウンの物的損害は一〇万ドルを超

図 2-3　1867 年カリフォルニア州知事選のポスター

民主党候補のハイト(Henry H. Haight)は，共和党急進派が推進する人種平等の政策を批判し，このまま共和党政権が続けば，黒人の次は中国人，中国人の次は先住民，先住民の次は猿にまで投票権が付与されてしまうと，カリフォルニアの白人有権者に訴えている．

えた。

こうして一八七七年暴動は激しさを極め、一八六七年暴動時から排華運動を大目に見てきた市当局も態度を硬化させ、直接的な暴力は完全に否定される。こうしたなか注目を集め始めるのが、この年の一〇月に結成されたカリフォルニア勤労者党(WPC)であった。

アイルランド系移民の党首デニス・カーニーは、市のエリート層への痛烈な批判と、「中国人は出ていけ!」という露骨な排華スローガンで失業者や非熟練労働者を中心に人気を集めた。カーニーは、中国人移民がアメリカの労働者の賃金を下げ、アメリカの理念に反する奴隷労働をもたらすとし、「真っ当な共和主義への回帰」を説いた。WPCは、一八七九年にはサンフランシスコ市長選で勝利し、さらに公共事業での中国人労働者の雇用禁止を認めさせた。

このようにWPCのもとに労働者の政治結集が図られるなかで、排華は民衆運動という性格を脱し、政治運動として展開するようになる。カリフォルニア州で一八七九年には中国人移民流入の是非を問う州民投票が行われ、九五・八%が反対票を投じ、中国人移民問題への州民の関心の高さが示された。こうした動きを受け、カリフォルニア州選出のジョン・ミラー上院議員が中国人移民規制法案を連邦議会に提出し、一八八二年、いわゆる「排華移民法」が成立することになる。

2　連邦政府の中国人移民政策——分水嶺としての南北戦争・再建期

「アメリカ人」形成の新たなラウンド

前節でみたように、カリフォルニアのローカルな排華運動は、カリフォルニア特有の政治文化と、白人労働者からの直接の圧力により引き起こされていた。彼らの批判は、中国人労働者が、南部の黒人奴隷同様、他の労働者の「自由労働」を侵食する点や、中国人売春婦が社会的・道徳的に悪影響を与えている点に集中した。

デイヴィッド・ローディガーのホワイトネス研究(『アメリカにおける白人意識の構築』)が指摘するように、南北戦争前の自由人／奴隷の身分境界が、一九世紀中葉以降、黒人奴隷解放に向けて揺らぎ、「白人性」という人種意識が大きな意味を持ってくるのがこの時代である。カリフォルニアでは、黒人不在のため、白人(自由労働)とモンゴロイド人種(中国人＝不自由労働)という構図のもとで白人性が築かれ始めており、その証拠に当時描かれた風刺画でも、中国人が黒人《ニグロ》化したものが多数ある(図2-4参照)。

だが、一八五〇年代には、このような新参の移民集団への排斥運動が、西部のアジア系移民に限らず、全米規模で生じていた。「移民国家」と言われるアメリカであるが、独立直後から最初の移

図 2-4　黒人《ニグロ》化するカリフォルニアの中国人移民
（左）「天朝の女性たち」（『ハーパーズ・ウィークリー』1858 年 1 月 31 日）．サンフランシスコ港に到着した中国人商人の妻たち．
（右）「中国人問題への回答 —— 先手必勝」（『ワスプ』1877 年 12 月 8 日）．1877 年の排華暴動での白人労働者による抗議デモ．

民統計が取られる一八二〇年までの約四〇年間では、推定でわずか二五万人ほどのヨーロッパ系移民しか入国していない。アメリカに最初の移民の大波が押し寄せるのは、じゃがいも飢饉（一八四五—四九年）の影響でアイルランド系移民が急増してからで、一八六〇年までの四〇年間に、やっと五〇〇万人を超える移民がやってきた。

　この移民の大波が、奴隷制拡大の是非をめぐる南北の対立とも相まって、移民の帰化など「アメリカ人」の境界をめぐる議論やアメリカ社会の秩序に揺らぎと混乱をもたらしたのである。つまり、合衆国憲法の制定や四度にわたる帰化法の改正がなされた建国期を、「アメリカ人」の境界形成の第一ラウンドとすれば、奴隷解放とヨーロッパの大量移民、ならびに、アジアからの移民への対応に追われた南北戦争・再建期が、「アメリカ人」の境界形成の第二ラウンドということになるだろう。

　この移民の大量流入と彼らがヨーロッパから持ち込んだ労働運動は、社会不安を煽り、従来の民主・ホイッグの二大政党の政治的求心力を奪い、一八五〇年代には一時的に反アイルランド・反カトリックを唱道するノーナッシング党の隆盛を生んだ。ノーナッシング党が帰化申請期間を二一年に延長する帰化法の改正を要求したことに示されるとおり、この政治・社会危機がアメリカ生まれと外国生まれの明確な差異化を促したのである。

だがその一方で、この危機は、共和党による新たな「国民共同体」の創造の契機ともなった。連邦派のフェデラリスト、ホイッグ党の流れを汲み、「自由な土地、自由な労働、自由な人間」を標榜して一八五四年に結成された共和党は、それまでのネイティヴィスト（排外主義）政党とは一線を画し、移民奨励の立場をとった。南部奴隷制のアンチテーゼとして広範な労働者の支持を獲得できる自由労働イデオロギーをその支配原理とすることで、新たなる産業社会形成に合致した「想像の共同体」「われわれ意識」の創造を開始したのである。

これにより、アメリカでは「奴隷国家」から「移民国家」への衣替えが急ピッチで行われることとなったため、そのことが連邦政治における「中国人問題」にも少なからぬ影響を与えることになった。

一八六二年制定の「苦力貿易禁止法」とはまさに、そうした「奴隷国家」との決別を国際社会に宣言したものといえる。先述したように、アメリカは独立後も南部黒人奴隷制を温存し、奴隷という「黒い積荷」の売買を許容する奴隷国家であった。アメリカは、イギリスの翌年、一八〇八年に奴隷貿易禁止を決定するものの、むしろ国内の奴隷制そのものは一九世紀前半にこそ拡大・強化されていく傾向にあった。綿繰機《わたくりき》の発明(一七九三年)も手伝って、南部が綿花生産地域として発展し、「綿花王国」として最盛期を迎えたのはこの時期であった。

こうした自由と不自由——移民と奴隷——の共存する状況が一変する契機となったのが、かつて奴隷貿易の主役であったイギリス帝国による、国際的な奴隷貿易廃止運動の開始であった。

アメリカ一三植民地の喪失という歴史経験により、イギリス帝国は大きく変容した。一九世紀はじめに成立した第二帝国では、北米・西インド諸島からインド・中国へと植民地支配の中心を移し、奴隷のような苦境に陥った現地人を「救出し、解放する慈悲深き帝国」という新しいアイデンティティを育み、奴隷貿易の取り締まり活動を通じて、世界にそれを見せつけた。この「自由」の擁護者としての立場が、帝国形成における道徳的優位を演出するようになったのである。

こうして奴隷国家から離脱を果たし、自由貿易の帝国へと変貌をとげたイギリスを、アメリカはいかに眼差していたのか。そんななか、奴隷国家としてのアメリカが唯一イギリスと共闘可能な分野が、ラテンアメリカ世界における苦力貿易規制の試みだったのだ。その成果が、一八六二年にリンカン大統領が署名した苦力貿易禁止法なのである。

英米は徹底して、スペインに対しラテンアメリカ世界での奴隷貿易と苦力貿易の廃止を求めた。また、同じ香港を船出しカリフォルニアに向かった中国人は、すべて「自由移民」とみなし、不自由な人流との区別を怠ることはなかった。

こうして、南北アメリカとアジアをつなぐ海路において、旧スペイン領への人流のみが非人道的な苦力貿易、不自由な前近代の代物とされ、イギリスの植民地やアメリカ合衆国へと向かう人流は「移民」＝「自由」労働者の近代の色に区別され色づけされたのだ。しかし、これは労働者の労働実態に即した色づけではない。あくまで英米が国際社会において、「自由」労働者と「不自由」労働者を選別認定できる、グローバルなルール・メーカーの地位を確立したからに他ならなかった。労働実態としては前近代の残滓（年季奉公、契約労働、奴隷労働）をも「自由」と読み替えて、アジアの労働者にとっては「自由で自発的な移民」であると自ら名乗ることを強要される「近代」が始まったことを意味していた。

中国人移民奨励策の成立

南北戦争とそれに続く再建期に、カリフォルニアの中国人問題の位置づけは大きく変わることとなる。というのも、戦後の共和党政権は上述のように移民奨励の立場をとり、また南部の奴隷制のアンチテーゼとして、広範な労働者の支持を得られる自由労働イデオロギーを打ち立て、新たな産業社会にふさわしい国家形成に乗り出したからである。

一八六一年に始まった南北戦争は、一八六二年九月の奴隷解放予備宣言以降、連邦救済という当

図 2-5　「憲法修正第 15 条点描」
(『フェーメ』1870 年 4 月 2 日)
1870 年の憲法修正第 15 条で「人種や肌の色，過去の隷属の状態」を根拠に投票権を制限することが禁止された．

初の戦争遂行目的から逸脱し、四〇〇万人の黒人奴隷を解放し「自由労働者」として彼らを国民化することを目指す、一種の社会革命的な性格を帯びることとなった。戦前の即時奴隷解放運動(アボリショニズム)の影響を強く受けた共和党急進派の政治家が、戦後の社会改革においてもリーダーシップをとり、憲法修正(後述)や市民権法の成立を通じて、社会的・人種的平等の実現にむけ「カラーブラインド(人種や肌の色によらない)」な国民統合を目指したのである。

図2-5に象徴的に描かれているように、再建諸法の審議過程では、黒人のみならず、戦前は反カトリック運動で排斥対象であったアイルランド系移民、それにインディアンや中国人、白人女性までもが加わり、「アメリカ人」の境界は流動化した。一七九〇年帰化法は、第一章に述べたように市民権を「自由白人」に限定していたが、急進派議員のリーダー、チャールズ・サムナーは一八七〇年、この文言が独立宣言の理念に相応しくないとして削除を提案している。

こうした動きは中国人問題にも波及した。一八六二年の苦力貿易禁止法では中国人労働者に対して否定的な態度を示していた共和党も、戦後は一転、西部の産業界とも連携して彼らを手厚く保護し、一八六八年にはバーリンゲイム条約を締結して移民奨励に舵を切るのである。

一八六一年から駐北京公使をつとめていたアンソン・バーリンゲイムは、国際法の翻訳書『万国公法』の出版(一八六五年)を支援するなど、清朝の近代化運動(洋務運動)に深く関与した。一八六八年には清朝側の欽差《きんさ》大臣としてアメリカに赴き、国務長官W・シュワードと条約を結んだ。

このバーリンゲイム条約の移民奨励策の画期性は、年季契約労働者を排除し、「完全な自由意志にもとづく」移民のみに限定したことであり、清朝がこれ以降に締結する移民条約に大きな影響を与えた。ラテンアメリカを輸出先とする苦力貿易も、一八七四年のマカオでの徴募停止を受けて終止符がうたれた。

つまり、環太平洋世界の人流は、これ以降、苦力の時代から自由意志による移民の時代へと移行することとなった。アメリカに渡った中国人移民も、その後の日本人移民も、「不自由労働者」ではなく、自発的な「自由労働者」としての側面が強調された。例えば、一八七〇年にハワイに渡った中国人労働者の労働契約書は、以下のような文面になっていた。

被雇用者側の契約当事者である私こと某は中国生まれで、サンドイッチ諸島への自由で自発的な船客です。私は本日から向こう五年間、明記された範囲内の条件と方法で、ハワイ諸島のいずれの島においても、もう一方の契約当事者である雇用主あるいはその代理人によって私に割り当てられる仕事に従事して働くことを誓います。

こうした契約書に署名し、自由意志による労働者であると名乗る(名乗らされる)ことは、プランテーションで労働搾取される労働者が、一律に「自由意志」による移民とみなされていく近代的抑圧の開始ともいえる。もちろん、この背景には、戦後直後に憲法修正第一三条が奴隷制の廃止を正式に定め、「本人の意に反する労役=隷属(involuntary servitude)」を否定したことが大きく影響していた。

しかしいずれにせよ、ここで確認しておきたいのは、南北戦争とその後の再建期に、アメリカでは不自由労働=隷属が否定され、とてつもなく大きな「自由労働」創出の機運が高まったことである。

再建政治と「中国人問題」——連邦市民権と「出生地主義」の誕生

戦争終結直後に、リンカンは暗殺され、戦後再建は副大統領から昇格したアンドルー・ジョンソンに託された。だが、ジョンソンは大統領に就任すると、旧南部連合の指導者に恩赦を与えるなど南部寄りの政策をとって連邦議会と対立し、結果として共和党急進派の議員が戦後政治のイニシアチブを握った。

州権が強かった戦前とは異なり、長期の内戦における戦時動員体制を通じ、連邦権限が強化されたことで、戦後再建期の連邦政治では、米国史上、初めて本格的な国家建設、国民創造の政治がスタートした。そこでは、解放された黒人のみならず、中国系など他のマイノリティにまで市民権を拡大する国民統合の見取り図を持ちながら、新たな「国民共同体」の創出が目指され、連邦市民権の概念が確立していくことになる。

共和党急進派の政治思想は、自由労働イデオロギーや独立宣言にもとづく自然権思想、平等主義に則っていた。万人が「自由人の有する自然権」を有するとの憲法論を展開し、独立宣言に謳われている「生命、自由、および幸福の追求」の権利をすべての人に基本的人権として保障する、普遍的な権利保障を目指したのである。

このために修正第一三条に実体を与えて、万人の自由を保障することを目的に提案されたのが、一八六六年の市民権法であり、これを憲法に組み込むべく制定されたのが、一八六八年に確定した憲法修正第一四条である。

憲法修正第一四条

第一節　合衆国において出生し、またはこれに帰化し、その管轄権に服するすべての者は、合衆国およびその居住する州の市民である。いかなる州も合衆国市民の特権または免除を制限する法律を制定あるいは施行してはならない。またいかなる州も、正当な法の手続きによらないで、何人からも生命、自由または財産を奪ってはならない。またその管轄内にある何人に対しても法律の平等な保護を拒んではならない。

第二節　下院議員は、各州の人口に応じて、各州の間に配分される。各州の人口は、納税義務のないインディアンを除いた総人口とする。しかし、もし合衆国大統領および副大統領の選挙人の選任、連邦下院議員、各州の行政官および司法官、またはその州議会の議員の選挙に際して、いずれかの州が自州の住民である男子のうち、二一歳に達しかつ合衆国市民である者に対して、反乱の参与またはその他の犯罪以外の理由で、投票の権利を拒み、またはなんらかの形で制限する場合には、その州より選出される下院議員の数は、これらの男子市民の数がその州における二一歳以上の男子市民の総数に占める割合に応じて、減少される。

従来、これらの再建期の憲法修正は解放民問題の観点からのみ扱われてきた。しかし、連邦議会での審議や大統領による拒否権発動の発言などには、「中国人問題」への言及がしばしばあり、解放民問題と「中国人問題」が深く連鎖していた点は注目に値する。

この憲法修正により、独立宣言や合衆国憲法から一世紀近くを経て、ようやく憲法第一条第二節第三項にあった「その他すべての人々の五分の三」という黒人奴隷に関する条項が消えた点を確認しておきたい。これにより、州に権利侵害されることのない連邦市民権という概念が成立し、これまで黙認はされていたが憲法上は明示されていなかったイギリスのコモンローにもとづく「出生地主義」が正式に組み込まれ、出生と帰化のいずれかで市民権が付与されることが明確となった。また、この憲法修正が、いかなる州も「正当な法手続き」なしに生命・自由・財産を奪うことを禁止したことで、今後、マイノリティが州法の差別立法に抗う大きな武器となっていくのである。

再建政治の挫折と「国民」の選別

だが、人種平等を希求する再建期の政治的実験は、早くも一八七七年に終焉を迎えることになる。その背景には、共和党内部での急進派の地位低下、産業界との癒着による政治腐敗、七〇年代の経済不況などさまざまな要因が指摘されているが、大きな転機は、「人種や肌の色、あるいは過去の隷属の状況」を理由に市民から投票権を剝奪することを禁じた合衆国憲法修正第一五条の成立(一八七〇年)である。この規定によって、各州は投票の質を維持するという政治的思惑から、人頭税や識字テスト、財産規定などにもとづく新たな「市民」の選別に乗り出した。カリフォルニアでも、共和党のコーネリウス・コールが中国人への投票権付与に反対した。

南部でも、揺りかごから墓場まで、日常生活のすべての側面で徹底した白人と黒人、両人種の隔離が一八八〇年末から州法や条例で定められる。一八九六年にはプレッシー対ファーガソン事件判決において、連邦最高裁判所が「分離すれども平等」であれば問題ないとして、これに最終的なお墨付きを与えた。一八九〇年代には、黒人から投票権を剝奪する動きが南部全域で加速し、人種隔離体制が確立していくこととなる。

カラーブラインドな国民統合の実験が挫折する一八七〇年代には、南北戦争での敗北により大打撃を受けていた民主党が勢力を盛り返し、大統領選で接戦を演ずるまでに復活している。その背景には、共和党政権の打ち出す人種平等の理念にもとづく国民化とは対極の人種差別の進行、「社会の人種化」をみなければならない。

そもそも奴隷解放宣言は、南部の黒人奴隷に希望を与えると同時に、北部で社会の最下層に位置づけられてきたアイルランド系ら白人労働者にも大きな衝撃を与えていた。

南北戦争期のニューヨークでの徴兵反対暴動(一八六三年七月)とは、まさにそうした社会的不満が暴発した結果であった。黒人解放のために戦うことを拒否した白人下層労働者らは、黒人にリンチ・暴力を行使し、ニューヨークの都市機能を麻痺させる。このとき襲撃対象となったのは黒人だけでない。彼らが抱く伝統的な人種秩序の崩壊、人種混交への恐怖心に煽られた結果と思われるが、白人女性(とくにアイルランド系女性)と婚姻関係、性的関係があったとされる中国人らも含まれた。先にみたように、排華運動にはアイルランド系労働者が深く関与していた。彼らは社会の底辺に

図 2-6　アメリカ社会の人種化

（左）「これが白人の統治だ」（『ハーパーズ・ウィークリー』1868 年 9 月 5 日）．1868 年大統領選を前に，黒人（北軍退役軍人）を抑圧する民主党を批判し，「白人の統治」の三本柱を描いた風刺画．左側の猿顔の男性は，民主党政治を支えるアイルランド系移民．真ん中の南軍退役軍人は，KKK の創設者の一人と言われるネイサン・フォレスト．右側の男性は，ウォールストリートの経済エリート．

（右）「中国人問題」（同，1871 年 2 月 18 日）．中国人を暴徒から守るミス・コロンビア（アメリカの擬人化）は，万人平等の理念のシンボル．

位置づけられていたがゆえに、例えばニューヨークのローワー・イーストサイドでは、もともと黒人・中国人・アイルランド人相互の結婚事例も多く、雑種文化が花開いていたことがわかっている。

　しかし、そうした雑種化した生活世界は、南北戦争により一変した。隣人であった黒人や中国人と自らを差別化するため、図2-6左にあるように自らの人種的アイデンティティとして白人であることを拠り所に、社会の再組織化を図ったのである。

　ここの左に描かれた猿顔の人

物と、図2-6右の右奥の暴徒の顔が同じであることに注目していただきたい。黒人奴隷と同一視されていた過去を克服する手段として、アイルランド系住民はホワイトネスのマスクを新たにかぶり、自分より弱い立場にある黒人と中国人を他者化することで社会的上昇を図っていったのである。そこには、「国民」の境界線上でマイノリティ同士が内部分裂し差別しあう、差別内差別の構造を見て取ることができる。

もうひとつ、社会の人種化を促進した追い風として、人種理論も取りあげなければならない。アメリカにおいて人種理論は、黒人奴隷制や先住民政策などを正当化する根拠としてすでに重要な役割を果たしていた。ただ、「人種」は曖昧な概念であり、南北戦争前にはそもそも一七九〇年帰化法で基準となる「白人」の定義すら自明ではなかった。しかしやがて、優生学や社会進化論、遺伝学の影響を受けて科学的人種主義が開花し、大きな力をもちはじめる。さらに一九世紀末になると、革新主義の潮流のなかで、それは国家が国民を選別・管理する統治技法となっていくのだが、これについては章を改めて述べることにしたい。

ヨーロッパでも人種理論が一九世紀中葉に登場してくるが、その代表的著作であるゴビノーの『人種不平等論』(一八五三―五五年)は、ただちにアメリカで翻訳・紹介された。人種を、歴史を動かす最大の決定要因と捉えるゴビノーの理論は、文明の進歩のためには何が必要かという文明論として展開する。そのなかでポイントとなったのは、他人種との混交による純血種の「退化(Degeneration)」という議論であった。人種混交の地としてのアメリカは、人種理論からみれば退化のシンボルそのものであった。実際、ゴビノーの翻訳書の序文では、中国人移民が大量流入することへの警鐘が鳴らされている。

3 「アメリカ人」の境界と中国人移民——「帰化不能外国人」の誕生

排華移民法の制定

再建政治の終焉、社会の人種化とともに、新たな排華運動が始まった。先に紹介した一八七七年のサンフランシスコ排華暴動は、まさにその表出であった。一八七六年には、連邦議会上下両院で中国人移民調査委員会の設置が共同決議され、サンフランシスコやサクラメントでの調査の結果、中国人の州経済発展への寄与を評価しつつも、その奴隷根性が社会規範に反し、道徳を堕落させると結論づけた。共和政体およびキリスト教文明に好ましくないということを理由に、移民制限の立法措置が必要であることが多数意見として採用される。

アメリカはただちに清朝政府との折衝に入った。一八八〇年にエンジェル条約を締結して自国内での移民制限の権利を得ると、一八八二年には連邦議会において、中国人の入国を一〇年間全面停止し、なおかつ、憲法上曖昧となっていた中国人の帰化を不能とする内容の、いわゆる「排華移民法」を制定した。これにより、「帰化不能外国人(alien ineligible for citizenship)」という、居住年限によることなく「アメリカ人」になる権利を剝奪された新たな差別的非市民のカテゴリーが創出され、中国人労働者は社会の底辺に位置づけられた。そしてこの法的立場は、日本人を含むアジア人、モンゴロイド全体の生活世界を長く拘束することにもなるのである。

自由労働とカラーブラインドとを根幹に据えた南北戦争後の新たな国民形成の過程で、中国人はいったんはその構成員として認知されるかにみえた。もちろんそこには、中国人労働者を必要とした産業資本家の思惑が働いていたことも、すでに述べたとおりである。だが、不況下で労資対立が激しくなるなか、対立を懐柔し新たな社会秩序を維持するため、「他者」の創出が早急に必要となった。その最初の対象となったのが、中国人であったと言えよう。

一八八二年は、アメリカ移民法の歴史において画期となる年である。というのも、自由移民の原則を堅持してきた政府がはじめて特定の国籍の労働者に対して門戸を閉じたこの年に、連邦はもうひとつ、一般移民法も成立させ、精神障害者・知的障害者らの流入をも制限するようになるからである。この移民の「質的」管理は、一八七五年にアジアからの売春婦の入国を阻止するため制定されたページ法とともに、社会的逸脱者を排除するための一連の動きとしてみることができるだろう。

一八八二年の排華移民法は一〇年間の時限立法であったが、幾度かの改正を経て、一九〇四年には最終的に中国人移民の無期限停止が決定されるに至る。

排華法はアメリカの中国人社会に大きな衝撃を与え、容閎ら親米派の中国人エリートを落胆させた。だが、排華法の時代にあっても、在米中国人は決して無力な存在ではなく、差別立法には積極的に法廷闘争を挑み、権利拡大に努めた点は強調しておかなければならない。「帰化不能外国人」とされた中国人の一世世代が、アメリカ生まれの二世に市民権を獲得する権利があるかを争点に起こした黄金徳裁判(一八九八年)で、中国人子弟にも憲法修正第一四条の出生地主義の原則が適用されることを認めさせるなど、法廷闘争は大きな成果をあげた。この勝利が二世団体の組織化の支えとなった。

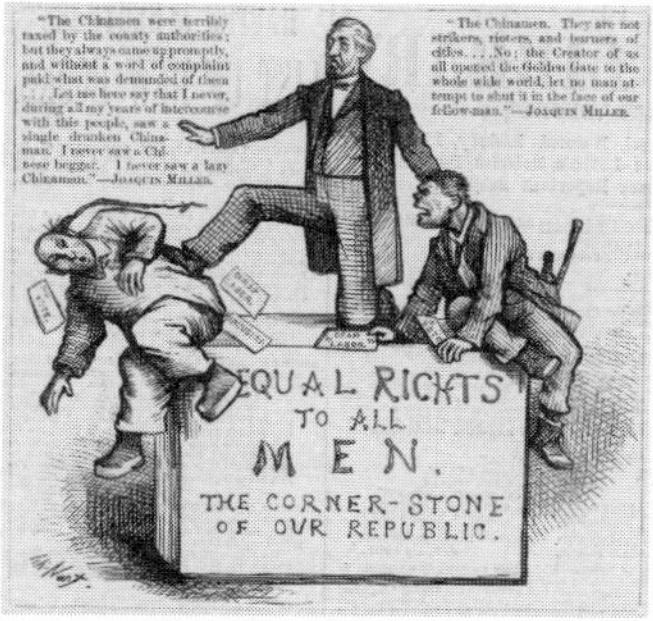

図 2–7 「共和国の礎石――すべての人間に平等な権利を」(『ハーパーズ・ウィークリー』1879 年 3 月 15 日)

人種平等の理念をどこまで貫徹できるかが問われる政治情勢下で，共和国の礎石から，最初に蹴落とされたのが中国人労働者．投票権を持つ黒人はかろうじて守られたものの，投票権を持たぬ中国人が最初のスケープゴートとされ，再建政治は「未完の革命」と終わった．

ニューヨークでは、ウォン・チンフーが一八八四年七月、最初の帰化市民団体である「中国人平等権連盟」を設立し、国民の権利として積極的に政治参加を果たそうとし、また、中国文化への誤解をとくため講演活動を積極的に行った。そうした草の根の活動の結果、一八九七年には議会において「アメリカ化した中国人の帰化を許可するための法案」が提出されるに至る。カリフォルニアでも一八九五年五月、金山土生会が設立され、帰化市民として愛国主義を表明し、アメリカ社会への同化促進を運動方針に掲げ、アメリカ化・市民化の願望を公然と表明している。

だが、こうした帰化市民は一九〇〇年の段階でも在米中国人全体の一一%にすぎず、圧倒的多数の第一世代は、帰国の道を選ぶか、またはコミュニティでの団結を図るかの二者択一を迫られた。こうした孤立状態に置かれることになったのは、当時の清朝政府が移民問題に対しては不介入の姿勢を貫いていたからである。

一八八〇年にエンジェル条約が締結される前後の米中関係を外交史料でみると、清朝政府は自らの版図が削られる(中国語ではしばしば「瓜分《かぶん》」と表現された)危機が迫るなか、独立以来友好関係を保ち続けてきたアメリカ政府に列強との仲介役を期待し、その見返りに移民問題についてはアメリカ側に自由裁量権を与える姿勢がみえる。清朝は、ある意味では帝国延命のためにアメリカの同胞を見捨てたのである。

だが上述のように、清朝政府は一八九三年には方針を転換し、経済力をつけてきた東南アジア華僑を国力増強のため取り込むことを目的に、積極的な保護政策を打ち出す。そのことが在米中国人の境遇にも少なからぬ影響を与えることになる。これを受けて、アメリカにおいては排華運動が世紀転換期に再び燃えあがり、二〇世紀に入ってようやく鎮静化していくのだが、最後にそのプロセスを、「アメリカ人」の境界をめぐる新たな段階として考察しておきたい。

帝国化するアメリカ――「アメリカ人」形成の第三ラウンド

世紀転換期に排華問題が再燃したのは、一八九〇年代末になるとそれまでとは異なる、東欧・南欧からの「新移民」が大量に流入し始めたせいでもある。しかしそれ以上に重要なのは、アメリカが米西戦争(一八九八年)を契機にアジアへと進出を開始し、帝国的秩序を形成し始めたことである。新たに領土となっていくハワイ(一八九八年併合)、フィリピン(米西戦争後のパリ条約により一八九八年領有)などには多くの中国人が居住しており、統合後は彼らへの市民権付与という新たな課題が浮上することが予測されたのである。

米中間には、アメリカへの中国人労働者の一方的な流入があったのではない。筆者はその逆方向のアメリカから中国への人の流れを「門戸開放推進派」と呼んでいるが、そちらの役割も非常に大きかった。具体的には、米中間を往来する宣教師グループ、貿易商、政治家、外交官らを指すのだが、彼らはこの世紀転換期に一気に活動を本格化させる。

連邦議会における一連の排華法の審議過程をみると、一八八〇年代には地域格差なく賛成票が投じられていたのだが、一八九二年のギアリー法(第三章参照)の制定時には南部から一一票もの反対票が投じられるなど、変化が現れる。これは、南部が綿製品輸出先として「四億人の中国市場」に魅せられていたからであり、各種業界が経済圧力団体を結成してアメリカの極東政策に関与してくるのも、この時期からである。宣教師グループも、国内の社会改革運動の影響を受けて、中国全土を貧困・迷信・無知から解放するという一種の使命感を伴った布教活動を始めていた。

こうして世紀転換期には、セオドア・ローズヴェルトら新世代の政治家が、社会進化論や「白人の責務」論(イギリスの作家キプリングのローズヴェルト宛ての詩「白人の責務」に由来。英米による植民地獲得を宿命とする考え)などに影響されながら、「アメリカ帝国の建設」というプロジェクトに魅了され始めた。図2-8の風刺画にあるように、自らに特別の役割を任じ、中国を庇護すべきであるとのパターナリスティックな眼差しを持つようになる。

従来の水平的な同志愛で結ばれた市民共同体論を乗り越えて、「アメリカ人」という共同体のあり方が、垂直的な人種関係を暗黙の前提としつつ、海外の異分子をも包摂する帝国的な国民統合のビジョンへと跳躍したのである。

もちろん、帝国的な国民統合への反対の声も上がっていた。アメリカ労働総同盟(AFL)のサミュエル・ゴンパーズは、新たに領土となったアジア地域にはすでに華僑ネットワークが張り巡らされていると危惧を表明した。AFLは一九〇〇年大会で排華法の強化を決議し、反帝国主義運動に加担した。この動きは、労働騎士団団長から移民局局長へと転身したテレンス・パウダリーの移民行政の強化によっても補完され、排華の動きは強まっていった。

図 2-8　アンクル・サムの表象

(上)「アンクル・サムによる文明論の講義」(『パック』1899 年 1 月 25 日)．キューバ，プエルトリコ，ハワイ，フィリピンという併合地の子どもたちに「文明」を教える教師役でアンクル・サムが登場する構図は，世紀転換期に典型的な風刺画．教室の後ろに坐って静かに読書しているのは，かつての買収地・併合地であるカリフォルニア，テキサス，アリゾナ，ニューメキシコ，アラスカの子どもたち．先住民の子どもはドアの近くで本を逆さまにして読み，中国人の子どもはドアの外から羨ましそうに教室の中を覗いている．黒人の少年は，勉強はせず，窓ふきに精を出す．後ろの黒板には，植民地で被治者の同意を得ることは難しいので，イギリスを見習い，アメリカも即刻，この子どもたちが自分で自治できるようになるまでは領土の統治を開始すべきだと書いてある．

(右)「公平無私！」(『ハーパーズ・ウィークリー』1899 年 11 月 18 日)．アンクル・サムが，ヨーロッパ列強(仏露独伊)の軍事的脅威から中国を守っている．ただし，この風刺画では鍵を握るはずの日本だけが描かれていない．中国人は，アメリカ製の鉄道エンジンやミシンの品定めをしている．

だが、一九〇二年の連邦議会では、思いがけない中国人擁護の声が上がる。そこには、一八九七年に駐米公使に着任した伍廷芳《ごていほう》の活躍があった。伍は、中国市場と緊密な関係を持っていた経済団体と精力的に交渉をもった。そして、「もしあなた方が華商に門戸を閉じるならば、中国があなた方に門戸を開放し続けることを期待することはできない。中国市場で一定のシェアを確保したいのであれば、アメリカの中国人の待遇を改善し、特に新領土での法改正を行うことが重要である」といった発言をして、経済界に対し在米中国人の待遇改善を働きかけた。こうして、団体代表が議会の公聴会で、排華法の改悪を回避すべきとの意見を表明する事態となるのである。

こうした動きにもかかわらず、結局のところ排華法案は通過してしまうのだが、駐米公使の積極姿勢にも影響されて、在米中国人が動き出した。一九〇三年には、清朝末期の変法運動を主導し日本亡命後にも言論活動を続けていた梁啓超《りょうけいちょう》が北米各都市の中国人社会を訪問して改革派の支部を設立したこともあり、排華沈静化に向けた動きを加速させることになる。それが、アメリカ商品の不買運動、アメリカ船の荷下ろし拒否などのかたちで、広東をはじめ在外華人コミュニティにも飛び火し、ハワイ、フィリピン、カナダ、オーストラリア、シンガポール、東南アジア植民地でも展開する。

この不測の事態を受けて一九〇五年六月、ローズヴェルト大統領は強権を発動し、中国人の待遇改善を約束した。ボイコット運動に関しても、それが「アメリカにやってきた中国人に対するわれわれの態度に原因があることは疑う余地がない」との公式見解を出し、移民局への行政指導を行い、徹底した改善策をとることとなった。

アメリカにおける排華の動きは鎮静化し、排斥の対象は日系人へと移っていくのである。

第三章　「国民」を管理する

1　一八八二年排華法とパスポートの発明

「国民」管理のはじまり

一八八二年の排華移民法制定に至る「中国人問題」の本質は、南北戦争・再建期における新たな国民統合過程で生じた、「アメリカ人」の境界をめぐる抗争にあった。前章で論じたように、奴隷解放後の「自由労働」と「カラーブラインド」のイデオロギーにもとづいて、マイノリティをどこまで包摂するかが問い直され、中国人移民への市民権付与もいったんは現実味を帯びた。しかし、「社会の人種化」が進行し、再建政治は終焉を迎える。政府は中国人移民を「帰化不能外国人」と位置づけて、結局は「アメリカ人」の埒外に置いたのである。

そして、アメリカ史にとって重要なのは、これが中国人問題にとどまらない広がりをもったという点である。中国人問題は世紀転換期において、そもそも「国民」とは誰であり、また誰であるべ

図 3-1　「多からなる一(中国人を除く)」(『ハーパーズ・ウィークリー』1882 年 4 月 1 日)

国璽にある標語 “E Pluribus Unum” を用い，排華法が，このすべての人を迎え入れる「自由の殿堂」アメリカの大原則に例外を作ることになると批判している．

きなのかという、根本的な問いを喚起した。そして、国民の創出と管理のためのさまざまな統治技法が編み出される、大きな起点となるのである。

ここではまず、トーピーの『パスポートの発明』などを参照しながら、アメリカにおける出入国管理と身元確認システムの成立が、中国人問題といかにリンクしていたかをみていこう。

第一章にもふれたように、国民国家が成立し、国境線で囲まれた領土で世界が覆われる近代になっても、国家は人の移動を管理・統制することができず、彼らを「国民」として囲い込むまでにはかなりの時間と労力を要した。このことは、国籍・身分を保証するパスポート・システムが、第一次世界大戦以前には本格的に普及していなかったことに端的に示されている。すでに黒人奴隷や苦力のケースをみてきたが、近代世界システムが成立し、植民地が形成される過程では、労働力のグローバルな流動性は確保されなければならなかったのである。

アメリカにおける徴兵制を例にとっても、第一次世界大戦時の選抜徴兵法(一九一七年)では、市民権を持たぬ移民までもが動員の対象とされた。近代とはこのように、国境内の人口すべてを「国民」として把握できないままに、猛烈なスピードで進行する人の移動を国家が後追いで統制しようとする時代であった。

さて、一八八二年排華法によって中国人移民労働者が全面禁止となったが、同法にはもうひとつの重要な目的があった。それは、すでにアメリカに在住している中国人の出入国を管理することである。一五項からなる同法第四項は、次のように規定されている。

一八八〇年一一月一七日時点で合衆国に在住していた中国人労働者、あるいは、本法成立から九〇日以内に合衆国に入国した中国人労働者の身分を証明するため、エンジェル条約で定められた通り、彼らが自由意志で合衆国へ入国し、出国する権利の証明書を提供するために、税関職員は出航直前の船上にて、中国人労働者が乗船していることを確認し、乗客全員の一覧表を作成しなければならない。この目的のため、一覧表は記録簿に残され、そこには、氏名・年齢・職業・最終居住地・身体的特徴および、身分証明に必要な事項すべてが記載される。記録簿は税関で安全に保管される。中国人労働者は申請して、税関の印によって保証された証明書を受け取る権利がある。財務省長官が規定する通り、証明書ではすべての記載事項が一覧表、記録簿と一致したものでなければならない。出国の際には、これを船主に渡さなければならない。証明書を発行された中国人労働者は、再入国する地区の税関職員に証明書を提出すれば、帰国・再入国の権利を取得する。(抄訳)

この証明書は「帰還証明書」と呼ばれた。また同法第六項では、商人・学生・観光客など、移民規制対象外の中国人に対しても中国政府発行の証明書が義務づけられ、それは「広東証明書」と呼ばれた。アメリカ在住かどうかにかかわらず、すべての中国人の出入国が文書にもとづいて管理されるシステムの構築が目指されていることは、一目瞭然である。「帰還証明書」「広東証明書」は、現在のパスポート・システムの原型とみなすことができる。

もちろん、文書による国民管理の取り組み自体は、歴史を遡る。アメリカが世界に先駆けて実施した国勢調査(センサス)も、国民をファイリングするうえで重要な役割を果たした。だが、これは人口統計のための調査であり、しかも一〇年ごとにしか実施されないものであった。それに対して出入国管理における文書化は、国境において日々、リアルタイムで実践されるものであり、移民一人一人が個体識別され、国民になれる移民/なれない移民、入国できる移民/できない移民、に選別されることになるのである。

「選び捨て」の移民国家へ

現実には、実務体制や身元確認技術の未整備もあって、この中国人移民行政はうまくゆかず、法律の恣意的運用や権利侵害が多発した。上陸を拒否され拘留された移民たちの人身保護令状を支援者が裁判所に提出し、入国許可を求めるケースが頻発した。中国人移民による約七〇〇〇件(一八八二—九二年)にも及ぶ法的闘争が展開され、そのうち八五%以上が入国を勝ち取っている。

他方では、このシステムの抜け穴を探し、書類の上だけの親族関係を偽造して入国を果たす「紙息子(Paper Son)」や、管理の甘いメキシコ国境でメキシコ人に偽装して入国を目指すなど、さまざまな密入国の手段が編み出され、移民行政と中国人移民とのあいだの長い攻防の歴史が始まるきっかけにもなった。

一八八二年排華法が期限切れを迎えて改正された一八九二年のギアリー法では、管理はさらに強化される。すべての中国人に、在留資格を得るための居住証明の登録を義務づけたのである。法案の審議過程で排華派の議員は、現行法が取り締まりのために十分機能していないことに不満をもらし、不法滞在者が六万人に達すると主張した。ギアリー法によって、アメリカ移民史上はじめて、「不法滞在」が連邦法における犯罪行為となった。メアリー・クーリッジが指摘するように、「すべての中国人が犯罪者とまでは言わないまでも、容疑者として扱われるようになった」のである。

ギアリー法は、在米中国人社会にさらなる試練を課すことになった。居住証明を取得するには、合法的居住者であることを証言する白人の証人を見つける必要があったからである。中国人コミュニティは居住登録反対運動を展開し、闘争は最高裁まで持ち込まれる。登録締切期限日の一カ月前の段階でも、例えばサンフランシスコでは二万六〇〇〇人のうち登録者はわずか四三九人、アメリカ全体でも八万五〇〇〇人のうち一万三〇〇〇人ほどに限られた。反対運動に直面して、翌一八九三年、連邦議会では登録期間を六カ月間延長するマックレアリー修正法を制定した。

しかしこの修正法により、今度は登録証に写真を添付することが義務づけられた。今日のパスポートや外国人登録証にも採用されている、身元確認用の写真添付のはじまりである。中国人移民全員に課されたこの登録証は、連邦政府初のＩＤカードであり、その後一九〇九年には、市民権を持つ者も含めて在米中国人全員にＩＤ携帯が必須となった。さらに、一九一七年以降になるとメキシコ国境を越えてやってくる農業労働者に、一九二四年にはビザ取得のためヨーロッパ系移民に、一九二八年にはすべての移民に、写真付きＩＤが発行されるようになる。

移民行政の強化、身元確認技術の革新を図る連邦政府と、対抗策を講じようとする中国人コミュニティとの攻防戦は、その後も長く続いた。しかし前章にも述べたように、中国人二世に憲法修正第一四条の「出生地主義」の原則が適用されることを認めさせるなど、中国人移民の運動が大きな成果を挙げたことも確かである。

排華法の時代にあっても、在米中国人は決して無力な存在ではなかった。その後のアジア系移民の市民権戦略にとっても重要な判例が、彼らの法廷闘争によって勝ち取られた点は強調しておかねばならない。

排華法と同じ一八八二年、連邦政府は一般移民法を制定した。前章でも少しふれたように、同法は「白痴、精神異常者、犯罪者、および公共の負担となる恐れのある者」の入国禁止を定めた。これが連邦政府による移民の質的制限に向けた最初の取り組みとなり、以後、一八九一年には財務省内に移民局が設置され、移民監督官のポストができる。

この体制のもと、全米各地に国境検問所が設置され移民行政の官僚機構の制度化が進み、移民管理は初めて国家的なものとなった。一八九一年の移民法では、「忌まわしい病気や危険な伝染病にかかっている者」が入国禁止対象者に追加されたことで、入国時の医学検査に公衆衛生局が参加することが決定した。翌一八九二年から、ニューヨークのエリス島での本格的な移民出入国管理体制が整うことになる。

建国以来、少なくとも理念のうえでは世界中の移民を遍く受け入れることが、アメリカの国家像を支えてきた。しかし一八八二年の二つの移民法は、国家が「不適者」とみなす人々を選別する「選び捨て」の論理にもとづく移民行政を開始させることになった。この歴史経験こそが、監視・管理を前提とした門衛国家としての移民国家へと、アメリカを変貌させるきっかけとなったのである。

2 人種主義と優生学——革新主義の時代

国家が「生」に介入する

中国人問題に端を発するこうした「国民」管理の根底にあったのは、結婚、出産、健康といった個人の「生」に国家が介入し、コントロールしようとする思想である。ミシェル・フーコーはこれを「生=権力」と呼び、近代の権力の核心にあるものと考えた。

そうした権力に根拠を与えたのは、人種主義と優生学という二つの思想であった。ヨーロッパにおける人種理論の先駆者であったゴビノーが、人種混交を文明の「退化」とみなしたことは前章でふれた。そして各国は、都市の貧民や労働階級の内部に宿る、目に見えない「退化」の兆候を炙り出すことにも躍起になる。混血、性的倒錯者、障害者、白痴、ユダヤ人、同性愛者、アナーキストなど、「内なる他者」というもうひとつの人種の組織的排除が目指されることにもなったのである。

こうした動きは、一九世紀末にダーウィンのいとこにあたるフランシス・ゴールトン(一八二二—一九一一)が「優生学(Eugenics)」を創始し、各国の政策に大きな影響を与えることで、さらに加速することになる。アメリカは、まさにこの優生学の中心地となった。

アメリカには、すでに一七世紀の植民地時代から、黒人奴隷と白人との婚姻を禁ずる法律ができており、異人種間での性的関係を忌避する民衆感情が存在していた。そうした感情は、南北戦争の奴隷解放によってカラーブラインドが実現することでかえって強化された面をもつ。一九世紀末までに、異人種間結婚禁止法(anti-miscegenation laws)を制定した州は三八に及ぶ。

注目したいのは、そのうちの一五州(北東部はなし、中西部二、南部五、西部八)が、白人・黒人間だけではなく、白人・モンゴリアン(中国人、日本人、インド人など)間の婚姻を禁ずる法律をも制定したことである。アメリカの人種社会秩序の形成に、中国人移民問題がやはり大きな影響を与えたことを示している。

国勢調査も、一九世紀には人種主義的・優生学的な色彩を濃くしていった。第一章の表1-1(六二—六三頁)をあらためて見ていただきたい。アメリカの国勢調査は、一七九〇年の最初の調査以来、「人種(race or color)」別統計を取り続けてきたことに特徴があったのだが、混血に関する項目は回を追うごとに詳細になり、南部で人種隔離体制が確立する前後の時期にあたる一八九〇年に最も細分化されている。

また一八三〇年と四〇年の調査からは、身体障害や精神障害の程度についての細目が設けられたが、関心はもっぱら障害の発生率と人種との相関関係に集中した。黒人奴隷の解放や、その後のアジアやメキシコからの「野蛮な」異人種の流入が社会に与える影響を不安視する声が大きかったからである。一八八〇年の調査では、精神薄弱者に関するデータも詳細に収集されることとなり、精神薄弱者が激増しているとの統計が政府に衝撃を与えることとなる。それが、上述の一八八二年一般移民法の規定へとつながったのである。

革新主義の時代

世紀転換期のアメリカには、急速な工業化・産業化の歪みが都市の貧困、政治腐敗、売春問題などのかたちで現れ、そうした社会問題を「科学的」な方法で解決しようとする運動が生まれた。これを「革新主義」と称することは、すでに第一章に述べた。

革新主義の運動に関わった人々には、進歩派もいれば逆に保守派も含まれ、その依拠する立場も社会ダーウィニズムから社会主義、公衆衛生学、セツルメント運動まで、実に多様であった。しかしいずれにしても、国家や州が積極的に「国民」に介入することで、社会を退廃させる個や集団の発生を予防・抑制しようとした点では一致する。

例えば、革新主義を象徴する政治家の一人、セオドア・ローズヴェルトは、「ニュー・ナショナリズム」を唱えて教育を通じた移民のアメリカ化を推奨する一方、「人種の自殺」を持論として展開したことでも知られる。「人種の自殺」論とは、アメリカの人口が黒人や移民の高い出生率により脅威にさらされ、これら社会的「不適者」による「適者」の逆淘汰が起こることを危惧し、WA

SPの女性たちに出産を呼びかけるというものである。ローズヴェルトは、家族中心の国家、結婚して子どもを産み母となることの大切さを説き、フェミニズムを公然と批判した。

もちろん、こうした動きの一方には、母親として消費者として改革運動の先頭に立ち、女性参政権を求める社会運動の隆盛もあった。しかし例えば、貧しい女性を救うため産児調節の普及に努めて、一九一六年ブルックリンにクリニックを開いたマーガレット・サンガー(一八七九—一九六六)は、第一次世界大戦後にはむしろ貧しい移民層や黒人に「劣等な子孫」を作らせないための産児調節が必要だと主張し、指導者の地位を確立していく。

革新主義の社会改革の波にのって、一九世紀末以降、優生学は時代のイデオロギーとなっていったのである。研究機関としては、一九〇四年、ニューヨークのコールド・スプリング・ハーバーの実験進化研究所がカーネギー財団の援助で設立された。一九一〇年にはそこに優生学記録局が付設され、第一次世界大戦までに優生学・遺伝学研究で世界有数の研究機関へと発展する。ここが、アメリカ優生学運動を牽引する二人の中心人物、チャールズ・ダヴェンポート(一八六六—一九四四)とハリー・ラフリン(一八八〇—一九四三)の活躍の場となった。

アメリカが優生学のメッカとなった理由の一つは、カーネギー財団やロックフェラー財団など、篤志家や私的財団が萌芽期から優生学団体に全面的支援を行っていたことである。ダヴェンポートも、ジョン・ロックフェラーと個人的な親交を深め、多額の寄付を引き出していた。こうして潤沢な研究資金を得てできあがった優生学団体を中心とする産学連携のシステムこそ、社会に有用な知を生み出す巨大装置の機軸であったのだ。

アメリカの優生学は、農村部での健康優良児コンテストなど、公衆衛生や児童福祉の取り組みとしても全国的広がりをもった。例えば、コーンフレークで有名なジョン・ケロッグ（一八五二―一九四三）は、一九〇六年「人間の純血種を作り出す」ために人種改良財団を設立し人種の「退化」を阻止すべく奔走した一方、ミシガン州バトルクリークに独特なメニューにもとづく健康改良施設を設立し、大衆向けの健康運動を推進した。

そして、これまでその意義が十分には論じられてこなかったのだが、移民政策も、アメリカ優生学が積極的に取り組んだ分野であった。

一八九二年以降、エリス島で連邦政府による移民行政が始まった頃、優生学者のあいだではすでに、国内の「不適者」以上に、押し寄せる移民の「不適者」への対応に力を注ぐべきとの声があがっていた。上述のラフリンは一九二二年、全米各州に断種法の制定を促し、優生学的断種法モデルを提示したが、そこでの目標は総人口の最下層にあたる一〇分の一（約一四〇〇万人）を断種することであった。しかし結果的に、一九四四年一月までの全米での断種数は四万二〇〇〇件であり、彼が期待した「成果」とはほど遠いものだった。

一方、一八九〇年代に三六九万人、一九〇〇年代には八八〇万人、一九一〇年代には五七四万人と、桁外れの大量移民を前に、これを水際の入国検査で阻止、あるいは質的・量的に規制することができれば、優生学者が夢見る「アメリカ」の改造がかなうことになる。じっさい、エリス島の入国審査施設には優生学記録局が雇用する医者やソーシャルワーカーらが多数働いていた。

一八九二年から一九五四年まで、ヨーロッパ方面からの移民のゲートとなったエリス島を、のべ一二〇〇万人の移民が通過したと言われているが、医学的理由での強制送還率は全体の一％を超えることはなかった。アメリカ社会の圧倒的な労働需要に支えられ、基本的にはアメリカ移民行政は巨大な包摂メカニズムとして特徴づけられる。

しかし、移民制限を求める声もこの時期、一気に声高になった。連邦議会では、下院移民帰化委員会の委員長を一九一九年から一二年間も務めたアルバート・ジョンソンがキーパーソンであった。ジョンソンはラフリンを新たに「優生学専門調査官(expert eugenics agent)」に任命、一九二二年、ラフリンは『現代アメリカの人種の坩堝分析』を刊行し、各国別に九つの「社会的不適合者」の数を提示してみせた。

じつは、ここでの国別分析が結果的に、次章で述べる一九二四年移民法の国別割当制度へと結実することとなる。この移民集団に優劣をつけ序列化する移民制限は、一九六五年の移民法改正まで、アメリカ社会に温存されることとなる。

3 移民管理の現場──エリス島とエンジェル島の連邦移民入国審査施設

では、こうした「国民」管理、移民の身体管理の動きは、実際の移民行政の現場にどのような影響を与えたのだろうか。世紀転換期における国境での連邦行政による移民入国管理の実態を具体的に、探ってみよう。

巨大な包摂メカニズムとしての移民行政

第一章でふれたように、中央集権的なヨーロッパ各国の入国管理体制と異なり、米国では州が独自の権限で帰化法を制定し、(州)市民権付与の権限をもっていた。このため、連邦機関が直接に出入国管理に関わるようになったのは、建国からほぼ一世紀経った一八八二年に排華移民法と包括的な一般移民法が制定されて以降であり、かなり出遅れたのが一つの特徴である。

米国における自由移民の原則は、基本的にはこの連邦政府による移民行政への不介入により成り立っていたのである。建国以来、「帰化」の統一ルールも一九〇七年まで連邦レベルでは定まらなかった。連邦が課した縛りとは、せいぜい、帰化の条件である居住年限の長さを、ヨーロッパの政治情勢(フランス革命やナポレオン戦争など)にあわせて最短二年(一七九〇年法)から最長一四年(一七九八年外国人・治安法)という幅で調整したことぐらいである。それ以外の帰化の実務は各州に任せ、帰化申請認可は州裁判所が担ったのであり、国境における移民管理もまた全くの州任せであった。

こうした自由移民政策と緩い帰化基準が設けられた背景としては、上述のようにアメリカ側に常に大きな労働力需要があり、移民政策そのものが巨大な包摂メカニズムであり続けた点が指摘できる。

また、これもすでに論じてきたところであるが、移民は、常に奴隷貿易との対比のなかで「自由」労働者とみなされる傾向にあった。植民地期・建国期の年季契約奉公人から始まり、中国人移民、ヨーロッパ系の契約労働者に至るまで、アメリカはたとえ奴隷労働に類似した強制・契約労働の性格を有する移民労働者であろうと、極力、それを「自由」労働者とみなそうとし、産業資本主義社会の要請に合致した労働力の創出に奔走したのである。だからこそ、契約労働者の入国を禁止する一八八五年の外国人契約労働者禁止法は、十分に機能しなかったのである。

だが、こうした産業界の利害を優先した移民政策は、一九世紀後半から、白人労働者階級による雇用排斥や人種主義を引き起こし、反発を招いてきた。一八八二年の排華移民法制定時には、チェスター・アーサー大統領は白人労働者保護の観点から同法制定が必要であると訴え、これが米中貿易の利益に優先するとの見解を示している。こうした個別の案件処理の過程で、産業界とだけではなく、労働騎士団からアメリカ労働総同盟に至るまで、代表的な労働組合が政府との政治的チャンネルを確保してきた点は、労資の階級闘争が激化していったヨーロッパとは異なる特徴である。

これが一八九七年、初代移民局局長に元労働騎士団団長テレンス・パウダリー(一八四九―一九二四)が着任する人事を生んだのである。パウダリーは局長時代、もはやアメリカが世界の「抑圧されし者の避難所」であるとの表現は古臭いとし、移民への厳格な健康管理を求めた。トラコーマ(当時は失明の危険があった眼の感染症)と黄疸の二種類の感染症を見つける適切な予防措置がとられなければ、未来のアメリカ人はみな「はげ頭で盲目」になるかもしれず、アメリカが「地球上の諸国民の病院」となることだけは断固拒否しなければならないと主張した。

こうした労働組合との癒着が一時的に移民行政を混乱させ、恣意的な法運用を招き、非効率な行政を生み出した。これが後に、より数学的な確実性を根拠に、「科学」的に移民の出入国を管理する行政改革へと向かわせたのである。それは一九〇二年、セオドア・ローズヴェルト大統領がW・ウィリアムズを長官に任命し、所轄官庁を財務省から新設の商務労働省へと移すことで始まった。この移管措置は、移民の入国を、資本主義的な自由市場における労働力供給の問題として政府が重視する方針への転換を示していた。

エリス島とエンジェル島の連邦移民入国審査施設

では実際に移民たちが入国審査、身体検査を受けることとなった連邦移民入国審査施設とは、いかなるものだったのだろう。

移民流入の最盛期を迎えた二〇世紀初頭、米国には一九カ所の移民入国のためのゲートがあった。カナダ国境に二カ所、東海岸に五カ所、メキシコ湾沿いに三カ所、メキシコ国境に一カ所、西海岸に六カ所、それにハワイのホノルル、プエルトリコのサンファンである。移民たちは、これらゲートで入国拒否の恐怖に怯えながら、入国審査に臨んだ。

エリス島の移民博物館では、「涙の島、希望の島」(九八%が入国、二%が入国できず)という入国時の移民たちの経験した悲喜劇がいまでもドキュメンタリー・フィルムとして上映されているが、すんなり上陸できる者もいれば、強制送還の憂き目に遭う者もいたのである。

公衆衛生局と移民局の史料によれば、一八九二年から一九三〇年までの期間に、これら全連邦施設での移民受入数は二五〇〇万人である。そのうち、移民局が最終的に入国拒否したのは約七万九〇〇〇人、強制送還した者は全移民の四・四%ほどで、医学的な理由で強制送還された者の率が一%を超えることは決してなかった。

むしろ、入国を拒否された者で圧倒的に多かったのは、一八八二年一般移民法にあった「公共の負担となる恐れのある者(likely to become a public charge)」(LPC項目と呼ばれる)という項目による、生活困窮者であった。移民たちは、自分が「貧民(pauper)」でないことを示すために、最低二五ドル持ち金があることを示す必要があったのである。

要するに、史料からも裏付けられるのは、この当時の連邦移民行政は、移民制限を求める声が大きくなるなかにあっても、総じて、産業市民として有用な移民労働者を歓迎し、包摂のメカニズムとして強力に機能していたということである。

だが、この包摂メカニズムとは、上記期間の二五〇〇万人の移民の半分近くを受け入れた、エリス島移民入国審査施設を通過した移民たちのデータに依拠した見取り図にすぎない。移民国家アメリカのすべての入国ゲートが、等しく史料保存され、国民の記憶として保存されてきたわけではない。エリス島とそれ以外の一八カ所では、研究の分厚さも記憶のされ方にも大きな隔たりがあるの

図 3-2　エリス島での入国審査

(上) 中央左がエリス島，下はリバティ島，奥はマンハッタンの高層ビル群．Getty Images
(中) 医療検査で移民たちが最も嫌がったトラコーマの検査／(下) メンタルテスト(Barry Moreno, *Ellis Island*, Arcadia, 2003 より)．

だ。

　では、アジア系移民の玄関、エンジェル島の連邦移民入国審査施設は、どのようにして建設され、どのように運用されていたのか、次に見てみることにしよう。

　西海岸における連邦移民行政は一八八二年排華法により始まったが、上述のように、準備不足のため当初、混乱を極めた。そもそも法律には拘留者の措置や居場所に関する規定がなく、身元確認の技術も試行錯誤しながらの運用であったため、日常的な権利侵害が多発した。一八九八年には、太平洋郵便汽船会社が所有する、波止場にある二階建ての建物を一時拘留施設としたが、これも理想とはほど遠い代物だった。

　さらに行政を混乱させたのは、排華法で入国禁止の対象外であった商人らの枠が抜け道となり、虚偽申請での入国者が後を絶たなかったことだ。連邦議会も移民法を強化して対応を試みたが、上述の「紙息子」や「紙家族」は増殖していった。とくに一九〇六年のサンフランシスコ大地震で出入国記録や結婚、出生などの記録が消失すると、さらに多くの中国人が市民権を主張し、子どもの数を水増し申告する傾向が強まったとされる。

　こうした行政の混乱のなか、ニューヨークのエリス島連邦施設をモデルに、西海岸にも大規模な連邦移民入国審査施設を設置すべきとの声が高まり、一九〇四年、政府はエンジェル島北岸への施設設置を決定した。選定にあたっては、それまでの施設がチャイナタウンに近く、逃亡や情報漏れが頻繁にあったことから、連邦議会は中国人の大規模な収容施設を設置できる広さと、伝染病の感染を防ぎ隔離可能な立地であることを条件とした。

実際にエンジェル島に施設が開設されたのは、サンフランシスコ大地震から四年後の一九一〇年一月二一日であった。以来、火事により焼失して閉鎖される一九四〇年までの三〇年間に、約五五万人の移民がこのゲートを通じて入国を果たした。

エンジェル島の出入国審査施設は、当初、ヨーロッパ系移民とアジア系移民の双方を受け入れる目的で設置された。だが、第一次世界大戦の勃発もあり、ヨーロッパからカリフォルニアへの移民流入は限定的なものにとどまり、アジア系の流入のみが継続した。

統計上、入国した移民集団のうち、最大のグループは中国人移民で一七万八〇〇〇人、次いで日本人移民が八万五〇〇〇人となる。ちょうど日本人写真花嫁(次章参照)の呼び寄せの時代と重なっており、約一万人の写真花嫁がここを通って入国を果たした。第三位は八〇〇〇人ほどの南アジア(インド)系移民で、強制送還率は最も高かった。また、興味深いのは、全体の三分の一は、革命後のロシアからやってきたユダヤ系移民や、メキシコからの移民が占めた点である。さらにいえば、外国籍の移民または帰国者が三四万一〇〇〇人、米国市民が二〇万九〇〇〇人という内訳になっている。

エリス島との比較で決定的に違うのは、エリス島が入国審査のための通過点で、ヨーロッパ系移民をアメリカに帰化させるための施設であるのに対し、エンジェル島は、アジア系移民を制限・拘留し、実質的には帰化阻止を目的とする性格を強く帯びたことである。

エリス島の入国審査とはおよそ以下のようなものである。ニューヨーク港に入ってきた移民船は、まず一等船室や二等船室で旅してきた移民向けには、マンハッタン入港前に船室で簡単な検査があるのみで、審査が必要だったのは、貧しい三等船室でやってきた移民たちだけである。彼ら向けには船内検査はなく、下船するとすぐに小舟に乗り換えエリス島に連れて行かれた。検査手順は、①医療検査(最初は医師たちによる六秒間の行列検査。移民たちが階段で二階に上るところを、その歩き方、皮膚や眼の状態、咳、身振りなどから、身体や精神の疾患がないかを複数の医師がチェック。個別検査としてトラコーマの検査、メンタルテストなど。一部は再検査)、②法律検査・尋問、移民登録(通訳が補助、多言語対応。一部は別室送り)、③上陸許可、となっている。この体制を、医師、看護師、検査官、寮母、通訳、速記者、キッチン・ランドリー担当、警備員など、総勢約七〇〇名の連邦職員が担った。

一方のエンジェル島の入国審査とはいかなるものか。まず、エンジェル島に到着した者は、上陸後すぐに身体検査がなされ、日本人写真花嫁のように、医療チェックをパスし書類に不備のないことが確認できた者は、数日のうちにサンフランシスコへの上陸が許可された。しかし、中国人の多くは入国を許可されず、偽装市民ではないかと疑われ、尋問が数週間、数カ月間繰り返されることもあった。

図 3-3　エンジェル島に拘留された中国人移民
（上）エンジェル島の入国審査施設（1935 年）．Getty Images
（下）尋問（著者撮影，エンジェル島移民博物館）．

尋問を待つ間、拘留者は施設で寝起きしたが、そこは逃亡防止のためワイヤーが張られていた。夜は九時には消灯、ドアはすべて外から施錠された。施設は、たとえ夫婦であっても男女別々に離され、人種的にもアジア系とヨーロッパ系とで隔離された施設となっており、尋問が終わり入国の許可が下りるまでは、互いに会話をすることが禁じられた。拘留者は、チャイナタウンから持ち込まれた麻雀や中国語新聞で時間を費やした。長期拘留者のなかには、施設の壁に詩を刻み、犯罪者扱いされる境遇を嘆く者もいたことは、すでに紹介したとおりである（図0‐4）。施設にプライバシーはなかった。

　エンジェル島には常時、二〇〇人から五〇〇人の中国人が収監され、それぞれがスチール製の狭い三段式ベッドをあてがわれた。施設の外は有刺鉄線で囲まれていた。守衛は移民たちをダイニング・ホールへと行進させ、食べるのを監視した。この施設でのキッチンスタッフや提供物は入札で決められていたため、食べ物の質は最悪で、粗末な食事が拘留者を怒らせることがしばしばあったらしい。

本の豆知識

●和文のいろいろな書体●

書
明朝体

書
ゴシック体

書
教科書体

書
行書体

書
宋朝体

書
隷書体

書
楷書体

書
勘亭流

第四章　日本人移民と二つの世界大戦

1　日本人移民とは誰か――「元年者」と官約移民

日本人の渡米の開始――「元年者」の教訓

日本からの人流も、第二章で取りあげた清末中国からの移民や苦力の流出同様、一九世紀半ばまでに世界の一体化がアジア太平洋地域を呑み込み、欧米諸国の進出による広域的な海域ネットワークが形成されたことで開始された。人の移動は、モノ・カネのルートの開拓なくして始まらない。

江戸幕府の鎖国下では、外国との接触は長崎の出島に限られていたが、そうしたなかでも、漁師や水夫が漂流し外国船に助けられ、海外に渡るケースがわずかながらあった。アメリカ国勢調査に日本人が最初に登場するのは一八五〇年の八名であるが、彼らの職業はみな「水夫(mariners)」となっている。アメリカに渡った漂流者には、幕末維新期の歴史に名を残すジョン万次郎(中浜万次郎《なかはままんじろう》、一八二七―九八)やジョセフ・ヒコ(浜田《はまだ》彦蔵《ひこぞう》、一八三七―九七)がいる。

彼らがアメリカ船に救助されたのは、その当時、アメリカ商業捕鯨の操業エリアが、北は北極海、南はオーストラリア、日本周辺にも一八二〇年代には到達していたからである。一八五四年に締結された日米和親条約のアメリカ側の動機が、香港と西海岸を結ぶ商船や捕鯨船の補給のための寄港地確保であったことはよく知られている。一八六七年に、アメリカの太平洋郵便汽船会社は、サンフランシスコ・横浜・香港間の太平洋航路を開設しており、北米に渡るアジア系移民の多くはこの航路を利用した。

幕末の開国以後、横浜や神戸などの開港地に欧米人がやってくるようになり、鎖国下で禁じられていた海外渡航は一八六六年に解禁され、日本人の海外移住に道が拓かれることになった。しかし、幕末維新期の最初の日本人移民は、アメリカ本土の「若松コロニー」も、ハワイ王国に向かった「元年者」も、決して成功とは言えぬ顚末をたどる。

日本人が最初にアメリカ本土に移民したのは、一八六九年六月頃、会津藩出身者が入植してカリフォルニア州エルドラド郡ゴールドヒルに開拓村を築こうとした「若松コロニー」が最初といわれる。戊辰戦争に敗れた会津藩の藩士とその家族が、オランダ人商人ヘンリー・シュネルに導かれ、養蚕や茶の栽培で生計をたてる農業移民団を計画したが、二年ほどして開拓に失敗し移民団は離散した。シュネル家の子守であったおけいの墓を手がかりに二〇世紀になってから、若松コロニーの存在は少しずつ解明されてきたが、詳細はほとんどわかっていない。唯一、一八七〇年の国勢調査に記載されたエルドラド郡の二二名の日本人というかたちで、公式にはその存在が確認できるだけである。

もうひとつの「元年者」は、明治維新の混乱のさなか、出国許可を得られないまま、ハワイ王国駐日領事のアメリカ人ユージン・ヴァン・リードによって「天竺(楽園)行きの人夫募集」との触れ込みで居留地神奈川にて集められた、一五三名の労働者の一団(女性はわずか六名)が砂糖耕地(プランテーション)労働者として海を渡ったものである。

サトウキビ生産・製糖はハワイの主幹産業となっていたが、そこでの労働は決して楽園のものとは言えぬ過酷なものだった。農作業では、ルナと呼ばれる現場監督により労働管理され、名前でなく番号で呼ばれた。この劣悪な労働環境に不満を募らせた者たちが苦情を申し立て、彼らのハワイでの過酷な労働状況が、「黒奴(黒人奴隷のこと)売買の所業に均しき事」として非難されると、彼らを日本に奪還すべく明治政府は国家の威信に関わる問題としてこれに取り組み、遣布使節(ハワイは漢字で「布哇」)を派遣し、交渉の結果、四〇名の日本人を本国に送還するに至る。

ちなみに、労働契約の終わった一八七一年に、日本に帰らずハワイに残った元年者は約九〇名おり、この半数は本土へと渡っていった。ハワイに残った三〇—四〇名は現地社会に定着した。

この労働者の海外流出は、当時、明治政府に協力したアメリカ公使が指摘するように、中国からの苦力貿易と同種のものと理解され、アメリカで一八六二年に制定された苦力貿易禁止法との関係が議論された。日本の新聞紙上では、アメリカの奴隷解放の精神が取りあげられ、紙面を賑わせており、この悪しき失敗例がきっかけとなり、その後明治一八年(一八八五)に第一回官約移民がハワイに向かうまで、日本政府は日本人労働者の海外渡航を禁止した。

さらにもうひとつ、当時の人の移動をめぐる国際情勢を理解するため、明治五年(一八七二)に起きたマリア・ルース号事件を取りあげておこう。これは、マカオで苦力二三一名を積み込み出港したペルーの帆船が、修理のため横浜に寄港し、その際、苦力の一人が虐待に耐えかね、イギリス船に保護を求め、問題化した事件である。

英公使が外務卿副島種臣《そえじまたねおみ》に通告したのを受け、明治政府は条約未済国であったペルーに対して裁判権を主張し、神奈川県令大江卓《おおえたく》に裁判を委ねることとなる。大江は苦力への尋問により、彼らが八年間のペルーでの年季奉公を義務づけられた契約書を持っているものの、自らはその契約内容を理解していないこと、船内ではひどい監禁暴行を受けていたことを知り、彼らの解放を決意する。だが、ペルー側からは、労働者の契約履行を求める反論がなされ、その際に日本社会に人身売買の慣習があることが指摘され、遊女買女の証文が提出され、契約の有効性が主張された。

これまでの章でもみてきたように、近代世界システムに組み込まれ、欧米中心の支配と従属の網の目のなかに包摂される過程で、アジアからの人の流れは、否応なく奴隷貿易とのアナロジーのなかに位置づけられたのである。

ヴァン・リードは、明治元年にスペイン領であったグアムにも日本人四二名を送り込んでおり、奴隷解放期の典型的な周旋屋の役割を担っていたといえる。一八七〇年には奴隷解放後のアメリカ南部、ルイジアナ州のサトウキビ畑の労働者として日本人二五〇名の雇用申請があり、明治政府が許可せず実現はしなかったものの、開国したばかりの日本は、諸外国からは中国と同じ、奴隷に代替する労働者の供給源としてみられていた。

中国人労働者の差別境遇に関しては、清朝が海外同胞の問題に不介入の姿勢をとり続けたため国際問題化することはなかったが、日本の場合には、初期段階から在外邦人の差別問題が国辱的な外交問題として認識された。海を渡った当事者の意思はともかく、日本人渡航者たちは中国人苦力とは差別化され、文明国の一員にふさわしい、自由意志にもとづく移民として官による管理を受ける対象となっていく。

また、不平等条約撤廃を悲願とする明治政府にとっては、このことが、脱亜入欧のため、文明化のために克服すべき封建遺制として、国内の人身売買や年季奉公といった決して近代的「自由」とはいえない諸制度の改革へと向かわせることになった。マリア・ルース号事件を契機に、明治五年一〇月、芸娼妓解放令(太政官布告第二九五号)が布告され、娼妓・芸妓などの年季奉公が禁止されるにいたるのはその一例である。

表 4-1　ハワイに向かった日本人移民の渡航者数

		渡航者数
漂流民の時代	-1867年	—
「元年者」	1868年	153人
官約移民時代	1885-1893年	29,069人
私約移民時代	1894-1899年	40,208人
自由移民時代	1900-1907年	68,326人
呼び寄せ移民時代	1908-1923年	62,277人
移民禁止時代	1924-1946年	—

＊日本ハワイ移民資料館(山口県大島郡周防大島)による．第1回官約移民では周防大島出身者が3分の1を占め，官約移民時代にのべ3,900人がハワイへ渡った．

ハワイ王国への官約移民のはじまり

「元年者」のハワイ渡航での教訓を得て、明治政府は一八八五年まで日本人労働者の出国を許可しなかった。代わりに国内の余剰人口は、この時期、国内フロンティアの北海道へと向かうことになった。だが、一八八〇年代になると松方財政のデフレ政策により農村の窮乏が深刻化し、政府は方針転換を余儀なくされた。

一八八一年にはカラカウア王が日本を訪問し、日本政府に対し移民再開の要請をした。これが後押しとなり、一八八五年、ハワイ王国と日本政府の間で日本人契約労働者を組織的にハワイ砂糖耕地に導入する移民協定が合意され、「官約移民」が開始された。三年間の契約労働者で、その選抜は政府監視のもと、三井物産により取り仕切られ、広島、山口、熊本、福岡などの諸県で実施された。官約移民は、一八九三年にハワイ王国が崩壊し、翌年にハワイ共和国が成立するまで続き、協定終了までに計二六回、約三万人がハワイへと渡った。

その後、政府の代わりに民間の移民会社が労働移民の雇用、送り出しに関与する私約移民として、契約労働移民は継続するが、一八九八年にアメリカがハワイ共和国を併合し、二年後の一九〇〇年にはアメリカ合衆国憲法がハワイ準州でも適用されることになった。米連邦法(一八八五年)では契約労働者の導入が禁じられていたため、ハワイでの契約移民は無効となり、その後の一九〇〇年から一九〇七年にかけては、六万八〇〇〇人の日本人がハワイに自由移民として海を渡った。

この間、ハワイの砂糖耕地には各国の移民労働者が導入された。一八五二年に広東出身の中国人労働者が最初に導入され、世紀末までに四万六〇〇〇人が渡航、次いでポルトガル人が一八七八年から一九一三年の間に一万七五〇〇人やってきた。日系人は「元年者」に始まり、官約移民、私約移民、自由移民と、一九三九年までに二〇万人が渡航し、ハワイでは最大の移民集団となった。さらに、米西戦争によりアメリカの植民地となったフィリピンからは一九〇六年以降、総計一二万人が渡航、日韓併合(一九一〇年)前の朝鮮半島からも五〇〇〇人弱の契約労働者が導入された。

図 4-1　ハワイのサトウキビ畑で働く日本人労働者(1885-1900 年頃．大槻幸之助資料，JICA 横浜海外移住資料館蔵)

このように世界各地のさまざまな出自の労働者が導入され砂糖耕地が経営されていたさまは、オアフ島ワイパフにある博物館「ハワイ・プランテーション・ビレッジ」にて再現されている。このマルチエスニックな約三〇万人の労働者集団をプランターが導入した背景には、劣悪な労働環境に全労働者が一致団結して抵抗することのないよう、エスニック集団ごとに役割を変え、賃金を変え、分断して統制する意味があった。

元年者が直面した劣悪な労働環境は、官約移民の時代もその後も変わりなかった。朝五時に叩き起こされ、二〇人から三〇人ほどの集団に分かれ、鞭を持ち馬に乗ったルナの監視のもと、日没まで働いた。日本人労働者は待遇改善を求め一八九〇年代以降、ポルトガル系や中国系の労働者と同じ賃金に引き上げられるよう、「同一労働同一賃金」の要求を掲げ、ストライキを繰り返した。一九〇九年と二〇年にはハワイ史上に残る大規模なストを決行し、砂糖産業の経営者やハワイ準州政府に対峙した。

この当時の、砂糖耕地での労働のつらさや日本への郷愁を、ハワイ語と英語の交じった独特の言葉づかいを用いて歌にしたのが、「ホレホレ節」である。夢見てきたハワイでの楽園生活とはほど遠い現実が歌われている。

ホレホレ節

ハワイハワイと夢見てきたが　流す涙はキビの中
つらいホレホレこらえてするよ　故郷にゃ　女房や子までいる

ホウハナメンの流せる汗は　キビの甘みの汁となる
国をでるときゃ笑顔で出たが　今日もカチケン〔サトウキビの刈り取り〕生き地獄
地獄雷こわくはないが　ルナの声聞きゃぞっとする
知恵を絞って工夫をこらし　煎じ詰めたるミル機械〔サトウキビをくだく機械〕

「ホレホレ」とは、ハワイの言葉でサトウキビの枯れ葉をむしり取る作業のこと。「ホウハナ」は鍬で荒れ地を耕し、雑草をとる仕事をいい、「ホウハナメン」はこの作業をする男たちを指す。

アメリカ本土への移民

一九世紀末、日本人移民が「官約移民」としてハワイへ押し寄せ始めた頃、アメリカ本土にもサンフランシスコを玄関口に日本人の渡航が本格化した。一八九一年から一九〇〇年までに、出稼ぎ目的の男性労働者を中心に二万七四四〇名が、一九〇〇―〇七年に五万二四五七名が入国、ハワイからも、一九〇七年に大統領令でハワイからアメリカ本土への転航が禁じられるまでの期間、三万八〇〇〇人が移住した。

彼らは、排華移民法の成立により中国人労働者の流入が停止されたことを受け、西海岸でそれまで中国人移民が担っていた鉄道建設や鉱山、農業や果樹園、漁業や缶詰工場の仕事、都市部では家事使用人などの仕事についた。

アメリカ本土に渡った日本人労働者は、西日本での農村地域の貧困がプッシュ要因となっていたため、ハワイ行きの人々と同様、出稼ぎ地で貯めたお金を携えて故郷に錦を飾ることを夢見る海外出稼ぎの人々であった。農家の次男坊、三男坊が日本の四―一〇倍の給金に魅せられて、船賃の高さや危険を顧みず渡航を決意した。

彼らの渡航を後押ししたのは、外国汽船会社の下請けとして働く日本人の移民周旋屋で、彼らが夢のようなアメリカでの稼ぎ話で説得し、面倒な旅券手続きを代行、港では彼らの経営する旅館に宿泊させるなどした。また、二〇世紀に入ると、日本での渡米熱は、『渡米案内』『渡米成業の手引』といった懇切丁寧なガイドブックの出版によっても高まっていった。

西海岸において興味深いのは、日本人労働者の海外出稼ぎが始まる前から、「書生(スクールボーイ)」が個人として渡米し、南北戦争後の「金ぴか時代」のアメリカの産業や技術を学ぶため活動を開始していた点である。福沢諭吉が、同時代に『時事新報』で「米国は志士の棲家なり」や「移住論の弁」を掲載して若者の渡米を奨励しているが(一八八四年)、彼らに共通していたのは、アメリカ大陸を日本の「新天地」として、民族的海外発展の舞台にしようと夢見ていたことである。

彼らは貧乏学生で、アメリカ人家庭に住み込んで家事使用人として働きながら、夜間に学校に通う生活を送ったとされる。これら書生には、自由民権運動活動家として「日本人愛国有志同盟会」

やキリスト教系の団体「福音会」を設立した者など、アメリカ滞在中に学んだことを活かし帰国後日本で活躍した人物が多い一方、アメリカ事情に通じた、英語に堪能な才を活かして、出稼ぎ労働者の労働請負人として活躍し、在米日本人社会の指導者となった者もいた。

出稼ぎ目的だったため日本に帰国する者が多かったが、出稼ぎを延長し西海岸に定着する者もおり、一九一〇年頃までに、ハワイでもカリフォルニアでも、日本人会や邦字新聞、日本語学校など日本人コミュニティが本格的に形成され始めた。西海岸では、一八九六年の日本郵船によるシアトル航路の開設により、ワシントン州シアトルにも日本人街が形成され始めていたが、当時、かの地を訪ね歩いた永井荷風は「何から何まで日本の町を見ると少しも変わった事の無いありさま」(「舎路港の一夜」『あめりか物語』一九〇八年)と書いている。

2　転機としての第一次世界大戦——人種差別の壁

排日運動のはじまり

日本人移民のアメリカ渡航が本格化すると、まもなく西海岸では組織的な排斥運動が開始された。その理由は大きく三つに整理できる。一つは、アジア系最初の移民集団として海を渡った中国系移民を対象とした白人労働組合や政治家による東洋人(Orientals)への排斥運動の伝統が、すでに西海岸には形成されていたこと。二つ目は、日本の国際政治の動き——日露戦争や満州侵攻などに日系人の立場は翻弄され、ローカルな排日運動が増幅したこと。三つ目に、アメリカ社会が同時代に経験した一八九〇年のフロンティアの消滅とそれ以後の海外進出、「新移民」の大量流入と移民の量的・質的規制の開始、革新主義の政治などが関わっている。

一八九二年には、排華――「中国人は出ていけ！」――で名を売ったデニス・カーニー（第二章第一節参照）がサンフランシスコ、サンノゼなど日本人街で「日本人は出ていけ！」の説法を始め、一九〇〇年にはサンフランシスコのフィーラン市長が市民大会で日本人移民制限の決議を行った。日本人労働者が憎まれたのは、低賃金で働き稼いだお金を本国に送金し、また労働争議の「スト破り」に頻繁に使われたことなど、排華の理由と同じであった。

日露戦争が始まると、アメリカでの対日感情はいったん好転した。アメリカは伝統的にモンロー主義を掲げ孤立主義を堅持してきたが、米西戦争でフィリピン、グアムを獲得、一八九三年にはハワイ王国を倒して一八九八年に併合、世紀末には中国に対し門戸開放宣言を発するなど、東アジア進出の足場を築き始めていた。すでにふれたように、アメリカは「四億人の市場」である中国への関心を高め、中国をヨーロッパ列強の脅威から守る庇護者の役割を自らに任ずるようになっており、ロシアの中国大陸支配を排除する目論みからも、いつもは排日記事を載せていた新聞各紙が戦中は日本の戦闘での勝利を大きく報じている。

しかし、戦争が日本の予想外の「勝利」に終わり、セオドア・ローズヴェルト大統領が東海岸のポーツマスにて両国の講和会議をお膳立てする頃には、軍事的警戒心が高まったことで排日気運に再び火が付いた。というのも、日露戦争の日本の勝利は、アジア各地で白人に対する「有色人種」の勝利、西洋に対する東洋の勝利と捉えられたからである。実際に、インド国民会議派の運動に影響を与え、孫文が一九〇五年に東京で結成する中国同盟会も、日本の勝利に刺激されたものだった。

こうした日本の勝利からアメリカで「黄禍論」が流布し始めた頃、サンフランシスコで大地震が発生した。一九〇六年四月一八日水曜日午前五時一二分、マグニチュード七・九の地震が起き、火災が三日三晩続き、チャイナタウンを含む街の大半が焼失した。震災後、世界各国が救援活動および義捐金の寄付を申し出て、日本も日露戦争直後の財政的には苦しい時期であったにもかかわらず、最高額の義捐金を集め、日本赤十字社も初の本格的な国際救援活動を行った。

にもかかわらず、震災後の一〇月、サンフランシスコの学務局は、公立の小学校から日本人学童(九三名)を退学させ、中国人の通う「東洋人公立学校(Oriental Public School)」へ移動するように命令を下した。このいわゆる「日本人学童隔離事件」の発生は、この震災直後の混乱期に、それまでの中国人移民に代わり、日本人移民がアメリカ社会において新たな「敵の顔」として浮上したことを象徴していた。一九〇〇年時点で、在米中国人は約九万人であったのに対し、日本人人口はわずか一万二六三五人にすぎなかったにもかかわらずである。

「日本人学童隔離事件」は、カリフォルニアのローカルな問題からたちまち日米両政府を巻きこむ問題に発展した。ローズヴェルト大統領は事態の鎮静化に努め、サンフランシスコ市当局の学童隔離命令を撤回させる代わりに、日本政府が今後一切の日本人労働者に対しアメリカ本土行きの旅券を発給しない自主規制を実施することなど、日米間での覚え書き、いわゆる「日米紳士協定」が承認された(一九〇七年一一月―一九〇八年二月)。また一九〇七年には、メキシコ、カナダおよびハワイにおいて旅券を有する日本人および朝鮮人のアメリカ本土への転航を禁ずる大統領令が出された。

排日土地法と日本人コミュニティ――「帰化不能外国人」という枷

「日米紳士協定」実施以後、新規の日本人労働者の流入が停止すると排日運動は下火となった。一世の日本人労働者の賃金は上がり、小作農、借地農から土地所有者へと社会的上昇を果たす者も増えていった。また、「日米紳士協定」を契機に、出稼ぎ志向であった日本人移民の定住志向が一気に強まった。

西海岸の日本人移民は若い男性の単身渡航が一般的であったが、協定により在留民の家族呼び寄せが認められたため、アメリカでの家庭を作るため日本から「写真花嫁」の制度を使って妻を呼び寄せた。現地で白人女性と恋愛をして結婚する道は、カリフォルニア州などアメリカの多くの州で

表 4-2　アメリカにおける中国人移民と日本人移民の男女別人口

	中国人移民				日本人移民			
	合計	男性	女性	女性比率	合計	男性	女性	女性比率
1870年	63,199	58,633	4,566	7.2%	55	47	8	14.5%
1880年	105,465	100,686	4,779	4.5%	148	134	14	9.5%
1890年	107,488	103,620	3,868	3.6%	2,039	1,780	259	12.7%
1900年	89,863	85,341	4,522	5.0%	24,326	23,341	985	4.0%
1910年	71,531	66,856	4,675	6.5%	72,157	63,070	9,087	12.6%
1920年	61,639	53,891	7,748	12.6%	111,010	72,707	38,303	34.5%
1930年	74,954	59,802	15,152	20.2%	138,834	81,771	57,063	41.1%

制定されていた異人種間結婚禁止法により閉ざされていた。誰と結婚をして家庭を築くのか、逆に誰とはしてはいけないのか、そうしたセクシュアリティの規範においても、アメリカ社会には人種差別の壁が立ちはだかっていたのだ。

「写真花嫁」は、朝鮮半島やトルコ、ギリシアにも慣行があるといわれるが、これは親戚や仲人の紹介で妻を見つけ、写真の交換だけで結婚を決め入籍するものである。第三章でも見たように、エリス島であれ、エンジェル島であれ、移民入国審査施設では独身女性の単身渡航・入国は許可されなかったため、日本で入籍後、彼女らは渡米した。「迎妻帰国」した日本人と比べ、「写真結婚」しようとする移民は貧しく、花嫁が実際に夫に出会ってみると写真よりはるかに老けていたり貧乏であったりとしばしば悲劇が起きたようだ。エンジェル島に上陸した着物姿の写真花嫁たち（図4-2）に、夫に初対面する華やかさは感じられない。

この写真花嫁の制度は、恋愛至上主義のアメリカの結婚文化からして「文明的ではない」、「野蛮だ」との批判にさらされ、一九

図 4-2　エンジェル島に上陸した日本人「写真花嫁」(1910 年頃．Densho Encyclopedia, https://encyclopedia.densho.org/ より)

一九年には排日運動を抑える目的で日本政府が禁止するが、その間(一九〇七―二〇年)に約二万人の写真花嫁が日本人男性移民のもとに渡米した。

　排華運動と比較して、この時期の排日運動の特徴は、農業に従事する者が過半数を占めた日本人移民コミュニティを対象に、日本人の土地所有を禁止する法律の制定に向けて市議会、州議会が動き出したことである。

　一世の移民指導者、我孫子《あびこ》久太郎《きゅうたろう》らの働きかけもあり、定住志向の日本人に最適の職業として農業が推奨され、一九〇〇年には三七カ所(四六七四エーカー)だった日本人の農場は、一九一〇年には一八一六カ所(九万九二五四エーカー)へと急増していた。農業分野では成功者も生まれ、「馬鈴薯《ポテト》王」牛島謹爾《うしじまきんじ》は、生前、一五〇〇万ドルの財をなした。この農業発展の背景には、肥沃なカリフォルニアの土地で集約型農業の果物、野菜の栽培が一八九〇年代以降に進み、物流革命でこれら農産物を保冷車を用いて新鮮なまま都市部へと運搬することが可能になったこともあった。

　具体的に、最初にカリフォルニア州で法律が制定されたのは、一九一三年の外国人土地法――日本では「排日土地法」と呼ぶ――であった。同法では、「日本人」対象との文言はなかったが、「帰化不能外国人」という枷をはめて土地所有の禁止、および借地制限をして、日本人移民の農業分野からの排除を狙った。

同法は日本人農業関係者の生活基盤を奪う致命的な法律たりえたが、すぐに合衆国生まれの市民権を持つ幼い子どもたち(二世)の名義で土地購入を行う法の抜け穴を見つけ、日本人移民は農業を継続することができた。実際、一九一三年以降も日本人の耕地面積は拡大し、第一次世界大戦による食料需要の増大に応じてさらなる農地の拡大に成功したのである。しかし、一九二〇年には外国人土地法の修正案が可決し、最初の土地法の抜け穴が塞がれ、その後一〇年のあいだに同様の土地法が全米一三州で可決・制定されていった。

日本が、日露戦争後、後発の帝国主義国家として「一等国」意識を強く持ち始め、その自尊心を傷つける米国での排日運動に警戒感をあらわにするなかでも、カリフォルニアでの排日の動きはやむことがなかった。日本政府は、排華法でアジア系に貼られた人種的他者の徴《しるし》、「帰化不能外国人」として、他のアジア系と十把ひとからげに分類されることを頑なに拒み、ローカルな内政問題である移民排斥事案を、大統領や国務長官への直接的な働きかけで解決、沈静化させようと努力した。

この外交ルートを通じた日本の「アジア」枠外の「名誉白人」としての特別扱い要請は、たしかに共和党のローズヴェルト政権(一九〇一―〇九年)やタフト政権(一九〇九―一三年)では、国務省中心に対日宥和策がとられていたため功を奏した。しかし、南北戦争以来初の南部出身で、内政重視、州権尊重の民主党大統領ウッドロウ・ウィルソン政権（一九一三―二一年）のもとでは、その手法は手詰まりとなったといえる。アメリカは、このウィルソンのもとで「民主主義の戦争」として第一次世界大戦を戦い、それまでの孤立主義に代わり、アメリカ的国際主義の理念を表明し、国際政治上の役割を一変させることとなる。

第一次世界大戦とアメリカ――戦争という「坩堝」の効能

第一次世界大戦は、最初の世界戦争であり、戦火の拡大と長期化の結果、各国が国家を挙げた総力戦と化した。新たな大量殺戮兵器の出現により甚大な犠牲を払う結果となり、勢力均衡や同盟を軸とする従来のヨーロッパ国際政治が、集団安全保障の理念へと転換していくなど、現代への起点となるさまざまな世界史的意義を持つ。

ウィルソン大統領は大戦勃発に際し、ヨーロッパ諸国の紛争に介入しないモンロー教書以来の孤立主義の伝統を守ることを公約としていたため、中立を表明した。だが、米国はドイツの無制限潜水艦作戦の再開を受け、戦争を「平和と民主主義、人間の権利を守る戦い」「諸民族を解放する戦争」「すべての戦争を終わらせるための戦争」と意義づけ、ドイツに対して一九一七年四月に宣戦布告した。

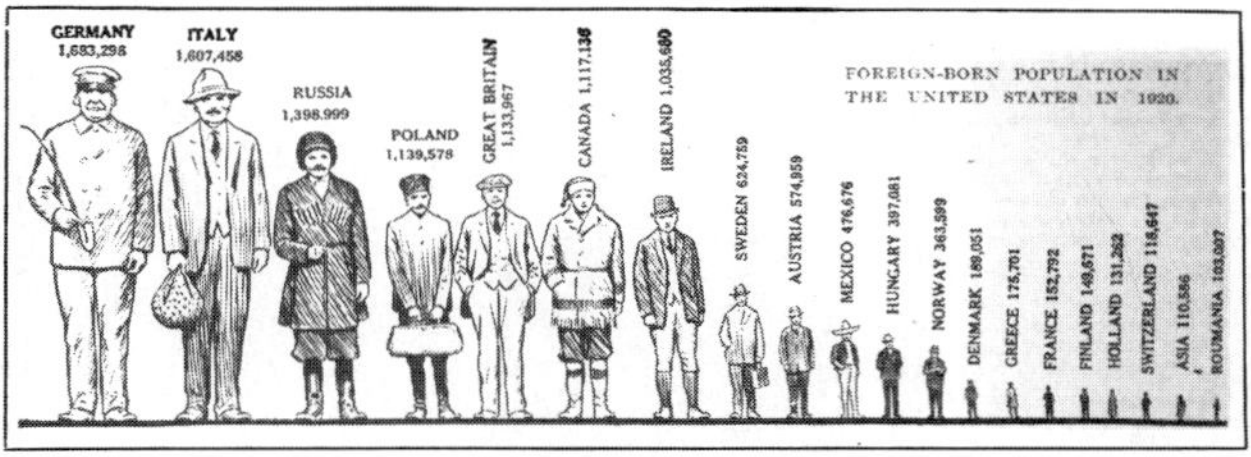

図 4-3　外国人の反ダンピング法（『リテラリー・ダイジェスト』1921 年 5 月 7 日）

アメリカは 1916 年に国内産業や通商保護のため，輸入不当廉売防止を目的とした反ダンピング法を制定していたが，ここでは 1921 年移民法を移民労働者の反ダンピング法と位置づけて揶揄している．

第一次世界大戦が移民国家アメリカの生成において決定的に重要なのは、戦争が煮えたぎる「坩堝」の役割を果たし、移民のアメリカ化、国民化が一気に進展したことである。米国内の外国生まれ人口は、一九一〇年で総人口の一四・七％（一三五〇万人）、一九二〇年で一三・二％（一三九〇万人）いた。その内訳で最大の移民集団はドイツ系であり、第一次世界大戦に深い因縁のあるロシア、東欧出身の移民たちを多く抱えていた（図4-3参照）。政権が舵取りを誤れば、国論分裂の恐れや国内治安上の問題の発生が懸念され、選抜徴兵法の運用次第では、南北戦争時に勃発したニューヨークの徴兵（忌避）暴動のような事態を想定できた。

それゆえに、ウィルソンは、選抜徴兵法の導入に向けた演説（一九一七年五月）で、「我々が戦争のために創り、鍛えなければならないのは軍隊ではなく、国民である」と述べ、崇高な戦争の大義に従い移民たちの国民形成が進むことを願っているとのメッセージを強調した。そして、その移民のアメリカ化は、上から強制されるものでなく、草の根の自発的参加である必要があると説いた。

実際、第一回徴兵で選抜された市民権を持たない移民外国人は一二万三二七七人で、終戦までにその数は四一万四三八九人にまで増え、その移民兵の約八割は東欧・南欧出身であった。彼らにとって軍隊とは、近代的規律や公衆衛生、アメリカの共通文化を学ぶ場であった。訓練基地には、移民兵向けの英語教育プログラムがあり、戦時アメリカ化は広範な統合効果を持った。移民兵を多く受け入れた師団が、しばしば「メルティング・ポット(坩堝)師団」などの愛称で呼ばれたように、軍隊は間違いなく坩堝としての効果を持った。

戦争の坩堝を支え、移民たちの自発性を引きだしたのが、ウィルソンの掲げた戦争遂行の普遍的大義であったのは間違いない。一九一七年一月の上院での「勝利なき平和」演説で、ウィルソンは恒久平和の基礎が、被治者の合意にもとづく政府の形成、国際平和機構の設置、軍縮などにあると訴えた。さらに翌年一月の「一四カ条の原則」演説では、秘密外交の廃止、公海の自由、通商障壁の撤廃、軍縮、民族自決の原則、国際連盟の設立などを骨子とする国際秩序案を明らかにする。

「被治者の合意」がアメリカ独立宣言に謳われた理念であることに象徴されるように、ウィルソンの構想の核には、アメリカ民主主義の普遍性への確信があった。アメリカの国民統合、移民国家の紐帯である啓蒙普遍の理念を、世界中の人々が受容すべき恒久平和の条件と位置づけたのである。

総じていえば、同時代の移民対策として、新移民や自らの「白人性」が自明ではなかったヨーロッパ系エスニック集団が、第一次世界大戦で「戦うこと」を通じ、また軍隊内でのアメリカ化により、「白人」としての地位を獲得し、文化多元的なアメリカ社会に組み込まれていったことは成功であったといえるだろう。

しかしながら、ウィルソンの国際連盟構想や民族自決原則に解放の夢を見た他国のマイノリティ同様、当時の総人口の約一割を占めた黒人(約一〇〇〇万人)やアジア系の人々にとっては、依然として「坩堝」への参加が認められていなかった点に、重大な欠陥をみてとれる。

第一次世界大戦は、非白人にとって、民族解放や民族自決の夢を与えるものであり、戦後の講和会議では、はじめて人種差別の克服や植民地解体についての討議がなされることが期待された。こうした有色の被差別人種の声を代表し、パリ講和会議では、その立場を戦勝国として唯一代弁できる立場にあった日本が、国際連盟規約の中に人種差別撤廃条項を明文化すべきとの提案を行った。

だが、この提案は、イギリス、オーストラリア、アメリカから賛同を得られず、葬りさられた。植民地支配の根幹をなす人種ヒエラルキーの破壊を伴うこの提案を、イギリスが受け入れるはずはなかったし、南部人種隔離社会を抱えるアメリカもまた同様であったのだ。

昭和天皇は、のちにこの人種平等提案の失敗を「大東亜戦争の遠因」として次のように述べている。「この原因を尋ねれば、遠く第一次世界大戦后の平和条約の内容に伏在してゐる。日本の主張した人種平等案は列国の容認する処とならず、黄白の差別感は依然残存し加州移民拒否の如きは日本国民を憤慨させるに充分なものである。……かかる国民的憤慨を背景として一度、軍が立ち上がつた時に、之を抑へることは容易な業ではない」(『昭和天皇独白録』)。

排日移民問題であれ、人種平等提案失敗であれ、これらを日米戦争への道程の起点と捉える解釈が完全に間違いとは言い切れない。だが、大局を見れば、ウィルソン政権下での日本の対華二一カ条要求(一九一五年)、日米合意を無視したシベリア出兵増派(一九一八年)など、主に日本側の原因で日米関係は悪化していた。人種平等提案も真意はどこにあったのか。これまで描いてきたように、「帰化不能外国人」というアジア系の背負った人種性にまともに向きあわず、名誉人種としての特別扱いを願い続けた日本の姿勢を見てくれれば、タテマエの理想論の域をでるものではなかったように思う。実際、ウィルソンの民族自決論に刺激をうけ、一九一九年三月に日本植民地下の朝鮮で起こった三・一独立運動を日本は武力で鎮圧した。

ともあれ、従軍した市民権を持たぬ移民兵士の帰化を軍は大々的に奨励し、終戦までに米国籍を取得した移民兵は一五・五万人を超えた。この流れは、ハワイ準州の日本人移民兵にも及び、日本国籍を持っていた多くの移民たちが帰化した。しかし、この日本人帰化について本土の陸軍情報部は、再建期の一八七〇年に改正された帰化法における人種要件である「白人、あるいは、アフリカ出身者およびその子孫であること」に変更はないとして、いったん米国籍を取得した者の国籍を原則として剝奪する対応が講じられることになった。「戦うこと」が市民権取得の近道になる、軍事化した市民権を特徴とするこの第一次大戦時であっても、それ以上に人種の壁は高く立ちはだかったのである。

この局面で、ハワイでは、日系一世の小沢孝雄が一九二二年に連邦最高裁に帰化申請をめぐり上訴した。帰化申請をハワイで拒否されてきた小沢は、人種要件が「法の下の平等」に反することを争点とするのではなく、自らを「白人」と定義し帰化権を主張した。しかしアメリカ側は、「独立戦争を戦い、憲法を制定したヨーロッパ出身の白人とその子孫」が白人であり、人種的にもコーカソイドに限るとの見解を出し、小沢の主張はしりぞけられる。これにより、日本人が他のアジア系同様、「帰化不能外国人」であることが確定するのである。

こうして、一九二四年に連邦議会で、日本人移民の渡航を実質的に禁止する内容を持つ移民法が制定され、門戸は完全に閉じられることになった。日本国内ではそれを「国辱」と受けとめ、反米感情が高まることとなった。

一九二四年移民法とは何か——移民制限の歴史的文脈と「排日移民法」

図4-4の新聞記事は、『東京朝日新聞』が一九二四年移民法(ジョンソン=リード法)の制定を報じたものである。「屈辱の日来る」「日米友誼の阻碍《そがい》を深く遺憾とす」などの文字が並ぶが、以来、日本では一九二四年移民法は「排日移民法」と呼ばれ、移民研究史上も、なぜ同法が成立したのかが

東京朝日新聞

本日の議會

兩院相呼應して
對米決議案上程
議會の意思を中外に宣明せん
提案説明者

「日米友誼の阻碍を深く遺憾とす」
けふ貴族院に上る
對米決議案

決議文

各派交渉

反對あり

本日の外相演説

屈辱の日來る
排日法實施は愈々今日から

對米示威
けふのプログラム

排日反對

図4-4　1924年移民法制定を報じる『東京朝日新聞』(同年7月1日)

長年議論されてきた。

たしかに、一九二四年移民法には日本人移民をターゲットとした第一三条C項として「帰化不能外国人」の移民全面禁止が盛り込まれたのだから、「排日」が柱の一つであったとは言える。従来の研究では、新移民法の制定をめぐり、連邦上院での審議が始まるなか、日本の埴原正直《はにはらまさなお》駐米大使が法案成立阻止のため、ヒューズ国務長官宛てに届けたいわゆる「埴原書簡」に注目が集まってきた。

それは、日本政府が忠実に履行してきた「日米紳士協定」の歴史と運用を解説し、日本人移民排斥は不要だと説くものだった。だが、書簡の結びにあった、「若《も》しこの特殊条項を含む法律にして成立を見むか、両国間の幸福にして相互に有利なる関係に対し重大なる結果を誘致すべ」しの「重大なる結果」という字句を、ヘンリー・C・ロッジ外交委員長がアメリカに対する「覆面の威嚇(veiled threat)」であると糾弾し同僚議員に訴えたことで、上院の雰囲気は一変した。日本人移民排斥に反対していた議員までもが法案に賛成し、排日移民法は一気に成立することとなったとされ、制定の直接的な原因は「埴原書簡」による外交失策だと議論されてきた。
だが、この一九二四年移民法を「排日移民法」と呼び、その成立原因を外交交渉の失策に求めてきた研究史に、日系移民史を一貫して日本の「ナショナル・ヒストリー」の一部としてのみ扱う解釈の狭隘さ、歪みを感じざるをえない。

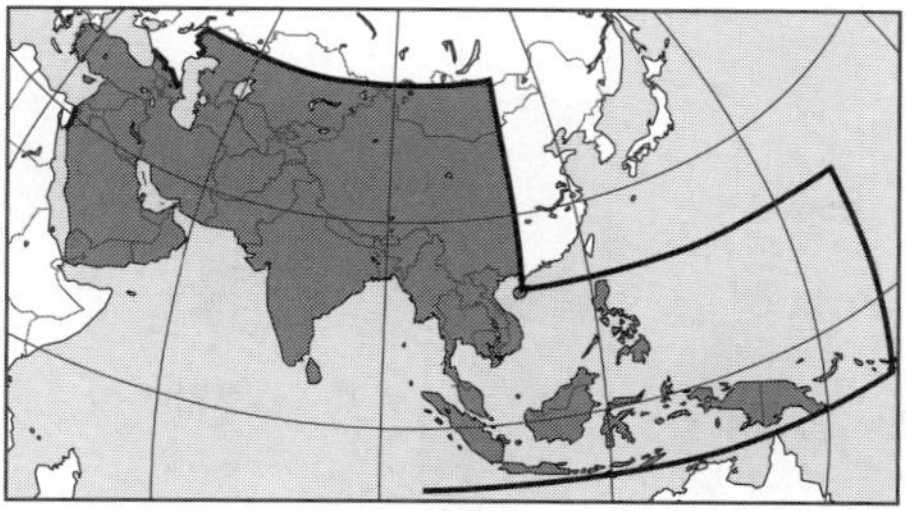

図4-5　1917年移民法のアジア系移民「禁止区域」

二〇世紀転換期の新移民流入後のアメリカ移民政策は、連邦議会による移民管理の役割拡大を基本にして、戦時の安全保障、外国の脅威から市民を守る指針のもと、移民制限が勝利していったのだ。国際連盟の条項を含むヴェルサイユ条約の承認を一九二〇年に連邦議会上院が拒否し、ウィルソンの戦後国際秩序構想は破綻していくが、大戦中から移民制限への動きは既定路線だったといえる。

一九一七年に連邦議会は、ウィルソンの拒否権を乗り越えて、新来の移民に母国語での読み書き能力(識字テスト)の提示を求める移民法改正(図4-6)を行い、教育を十分に受けていない東欧・南欧の移民排除を目論み、アジア系向けには図4-5のような「禁止区域」を設定(Asiatic Barred Zone Act)し、「日米紳士協定」の

図 4-6　1917年移民法，識字テストの壁が移民入国を阻止(『パック』1916年3月25日)

図 4-7　1921年移民法，3% に絞られる量的移民規制(『リテラリー・ダイジェスト』1921年5月7日)

ある日本を除くアジア人の入国を実質的に禁止していた。さらに、一九二一年には、新たに移民割当法が成立し、国別移民数の上限を、一九一〇年の国勢調査を基準に、各国出身者人口の三%にすることが定められた(図4-7)。

一九二四年移民法とは、こうした移民制限立法の一連の流れの上になされた改正であり、ヨーロッパ系、アジア系、西半球諸国向けのそれぞれ異なる三本柱からなる移民制限法であった。一つ目が、一八九〇年以降に急増した東欧・南欧出身者を厳しく制限する目的で、国勢調査の基準年を一九一〇年から一八九〇年に移し、移民許可数はそのときに在住した各国出身者の二%以下という枠が設定された。第二の柱はアジア系向けで、ここでアジア系移民はすべて、人種的に「帰化不能外国人」とみなされ、移民全面禁止とされた。三つ目は西半球諸国向けで、これらの地域からの移民については労働需要もあるため量的割当を免除することが定められ、それと同時に労務省管轄下の国境警備隊の設置が定められた(米加国境と米墨国境)。

大西洋を挟んだヨーロッパからは、こうしたアメリカの移民政策の厳格な選別基準に移民行政の理想型、国家発展の鍵を見て取っていた者がいた。

これを見れば、現在広範囲にわたり、部分的には信じられないくらい勇敢な工夫がなされている国はアメリカ合衆国である。これは偶然ではない。戦争と移住によってとめどなく計り知れないその最良の血を失ってしまった古いヨーロッパにアメリカが、今や人種的に選ばれた若い民族として対立しているのである。……危険が特に大きくなったのは、われわれがまったく関心を払っていない間に、アメリカ合衆国自身が、自国の民族研究者の所論に刺激されて、移住に特別な基準を設定して以来である。アメリカへの入国は一方では個人自身の特定の人種上の条件と特定の身体的健康条件に依存しているが、ヨーロッパの最も優れた人たちの流出によるヨーロッパの疲弊はまさに法的必然性をもって規定されていたのである。

(『続・わが闘争――生存圏と領土問題』平野一郎訳、角川文庫)

この文章は、アドルフ・ヒトラーその人のものである。近年の研究では、ナチス・ドイツは移民政策だけでなく、政権発足後まもなく制定した断種法(「遺伝病の子孫の出生を予防するための法律」一九三三年)や、ドイツ人とユダヤ人の異人種交配を禁止するニュールンベルク法(一九三五年)など人種政策の決定過程で、アメリカの優生学的断種法や異人種間結婚禁止の法体系をモデルにしていたこと、つまり両国の選別の論理と技法が相互に影響を与えあっていたことが明らかになっていることを付言しておこう。

3 第二次世界大戦——日系人強制収容と四四二部隊

アジア太平洋戦争と日系アメリカ人

一九四一年一二月七日、日本軍による真珠湾攻撃により日米戦争が始まったとの知らせに、多くの日系人は耳を疑った。午前八時に開始されたオアフ島への急襲で、二時間足らずのうちに、八隻の戦艦を含む二一隻が沈没・損傷、二四〇三名が死亡、一一七八名が負傷した。この真珠湾攻撃へのアメリカ政府の対応は迅速であり、これによりハワイやアメリカ本土のみならず、カナダやラテンアメリカ諸国の日系人の生活までもが一変することとなる。

ハワイではただちに戒厳令が出され、敵性外国人とされた日系人社会の移民指導者たち三六七名がFBIにより拘束された。アメリカ本土でも、一世有力者を中心に九二四名が四八時間以内に逮捕され、司法省管轄下の収容所で戦時中を過ごすことになった。また財務省は在米日本人の銀行口座を凍結した。

戦時ヒステリーの世論に後押しされて、一九四二年二月一九日には、フランクリン・ローズヴェルト大統領が大統領令九〇六六号に署名し、太平洋岸軍事地域から住民を強制立ち退きさせる権限を陸軍省に与えた。その対象には、市民権を持たないドイツ人やイタリア人も含まれていたが、実施にあたって対象となったのは、日本人であった。しかも、陸軍省がアメリカ市民と敵性外国人の区別をつけなかったため、市民権を持つ日系二世(当時の日系人全体の約七割)までもが含まれた。

政府内部からの批判はあったが、世論の全面的な支持のもと、ワシントン、オレゴン、カリフォルニアの三州に居住する日系人約一一万人の強制立ち退きが実施に移された。彼らは臨時の「集合所」で数カ月過ごした後、「戦時転住局(War Relocation Authority, 略称WRA)」が運営する、内陸部の僻地に急造された一〇カ所の強制収容所に送られた。

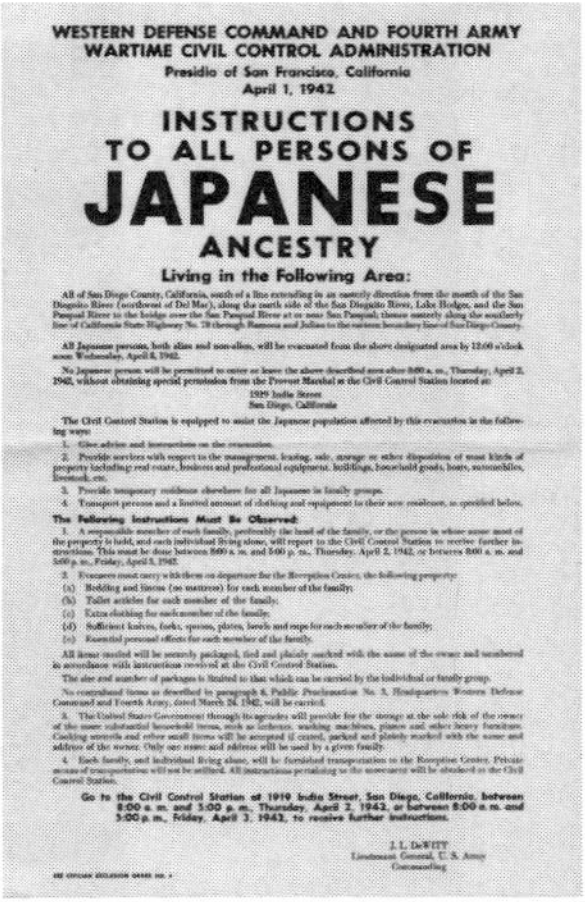

図 4-8　日系人に立ち退きを通告するポスター(1942 年 4 月 1 日)

戦時強制収容が実施された背景には、ローズヴェルト大統領の議会演説にあるように、宣戦布告前の「奇襲」攻撃という日本の軍事行動に対して、アメリカ世論が沸騰し、対日参戦が強く支持されたことに加え、反枢軸という大義のために国民の自由の侵害を許容する動きが、一九三八年に下院に設置された非米活動調査委員会のもとでしだいに強まっていたからでもあった。

このように真珠湾攻撃により、米国本土の日系人一二万五〇〇〇人の多くが「軍事的必要」により西海岸から強制退去を命じられ、収容所送りとなったが、こうした戦時下の措置は米国本土に限られたことではなかった。ハワイでは、家族全員の大規模な強制収容はなかったが、日系人社会の指導者、僧侶や神官、日本語学校教師、新聞記者などが、ホノウリウリ収容所やサンド・アイランド収容所などに送られ、軍事施設近くの住民は強制立ち退きを余儀なくされた。

日系人の強制収容と二世米軍兵士

大統領令九〇六六号については、四〇年後の一九八二年になって連邦議会の委員会が、「大統領令九〇六六号は軍事的必要性によって正当化できるものではない。あらためて歴史的にその原因を探れば、それは人種差別であり、戦時ヒステリーであり、政治指導者の失政であった」と結論するのだが、戦争の最中、合衆国憲法で守られるべき市民の自由を支持する声はごくわずかであった。最高裁長官としてブラウン判決(一九五四年)など黒人差別諸法に違憲判決を下し、司法の力でアメリカ社会の人種差別に風穴を開けたアール・ウォーレンですら、第二次世界大戦中には、カリフォ

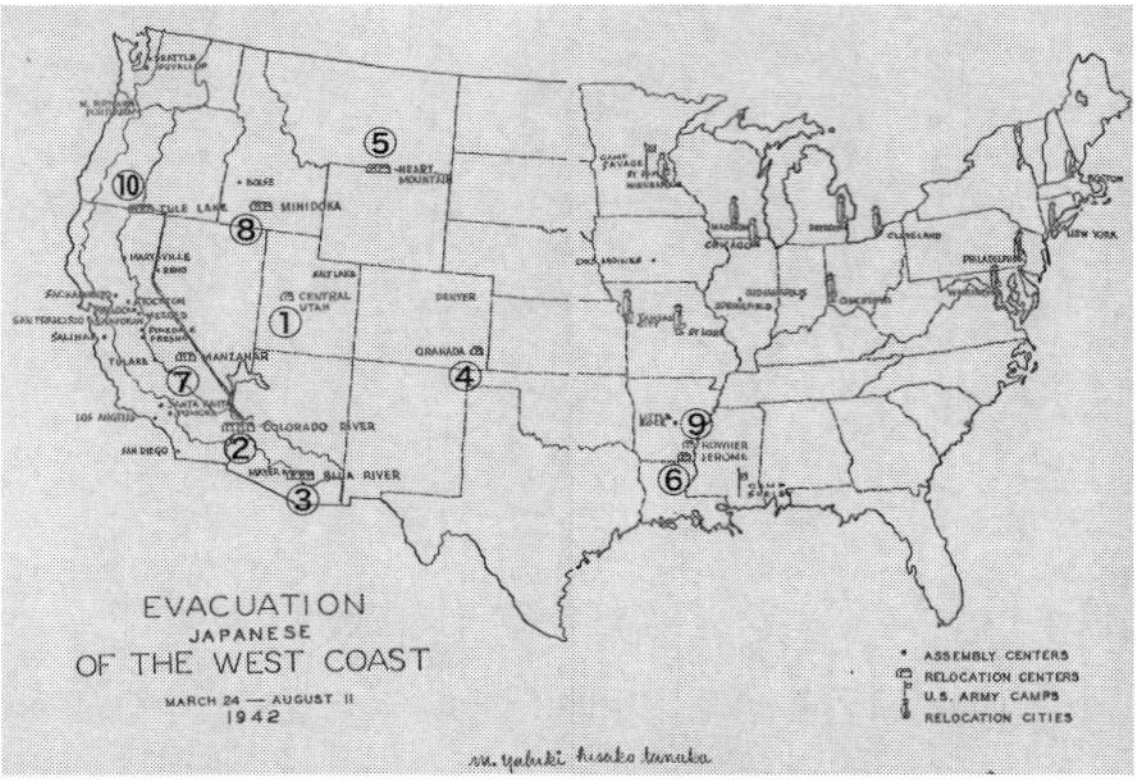

図 4-9　日系人強制収容所の所在地と運営期間．地図はトパーズ収容所の二世が発行した英語雑誌『オールアボード』1944 年春号に掲載されたもの

①Central Utah (Topaz)　ユタ州　1942. 9. 11–1945. 10. 31
②Colorado River (Poston)　アリゾナ州　1942. 5. 8–1945. 11. 28
③Gila River (Rivers)　アリゾナ州　1942. 7. 20–1945. 11. 10
④Granada (Amache)　コロラド州　1942. 8. 27–1945. 10. 15
⑤Heart Mountain　ワイオミング州　1942. 8. 12–1945. 11. 10
⑥Jerome (Denson)　アーカンソー州　1942. 10. 6–1944. 6. 30
⑦Manzanar　カリフォルニア州　1942. 6. 1–1945. 11. 21
⑧Minidoka (Hunt)　アイダホ州　1942. 8. 10–1945. 10. 28
⑨Rohwer　アーカンソー州　1942. 9. 18–1945. 11. 30
⑩Tule Lake (Newel)　カリフォルニア州　1942. 5. 27–1946. 3. 20

ルニア州地方検事総長として、強制収容を積極的に支持していたことは、戦時の判断の難しさの証左として記しておかねばならないだろう。

　一九四二年四月、「夜間外出禁止令」が発令され、公式の「立ち退き令」が出されると、わずか一週間での準備を余儀なくされた。農家の者たちは、豊作にもかかわらず収穫前の畑を離れざるをえなかったし、立ち退き者は、手持ち可能な財産しか持参することを許されなかったため、日系人の築きあげてきた生活、財産が切り崩されることとなり、絶望感とともに移住した。

日系人の多くは、トラブルを起こさず進んで収容所に入ることが米国への忠誠心を示すことになると考えたが、戦時の処遇が合憲であるのかを争点に反抗を試みた日系人もいた。ワシントン州のゴードン・ヒラバヤシや、序章で取りあげたカリフォルニア州のフレッド・コレマツらは強制収容所に入ることを拒否し、最高裁まで上訴して争ったが、「軍事的必要性」を理由に敗訴となった。彼らの抵抗が、合衆国憲法が保障する市民の自由を守るための闘いだったと評価されるのは、戦後長らく経ってからのことである。

日系人一世・二世が収監された強制収容所は、人里離れた、砂漠や沼地など自然環境の厳しい過酷な土地に作られた。収監された日系人は約一二万人にのぼるが、そこにはハワイから移送された一一〇〇人や収容所で生まれた約六〇〇〇人の人々が含まれる。

収容所の建物は細長く、バラックが規則正しく軒を連ねた。歩哨の常駐する監視塔があり、有刺鉄線が張り巡らされていた。バラックの内部は、四部屋か六部屋に仕切られ、中央にダルマストーブ、天井からは裸電球がぶら下がっていた。日系人は囚われの身であったが、収容所内のコミュニティづくりはＷＲＡにより支援され、農園や豆腐屋、酪農場ができたり、子ども向けの学校が作られたりした。ただ、陰鬱で単調な生活により精神を病む者もおり、収容所内ではしばしば揉め事がおきた。

強制収容所の日系人にとって大きな試練となったのは、一九四三年二月、アメリカ陸軍とWRAが全収容所で実施した「忠誠登録」であった。

戦局がアメリカ優勢で日本による本土攻撃の可能性が遠のいたこともあり、WRAが「忠誠的」日系人を選抜して収容所から解放し、陸軍に従軍させる徴兵を計画したのである。ローズヴェルト大統領は、九〇六六号を発令してからわずか一年ながら、陸軍長官宛てに「合衆国市民たる者は祖先の由来にかかわらず、市民権に課された責任を行使する民主的権利を否定されるべきではない。……すべての忠誠なるアメリカ市民は、我が国の軍隊に加わることにより、合衆国に奉仕する機会を与えられるべき」だと述べている。

「忠誠登録」の質問は全部で三三項目あり、一七歳以上のすべての収容者を「忠誠的」日系人と「不忠誠者」に選別することを企図していた。特に重要であったのが、質問二七「あなたはいかなる場所にあっても戦闘義務を果たすべく合衆国軍隊にすすんで奉仕する用意がありますか？」と、質問二八「あなたは無条件でアメリカ合衆国に忠誠を誓い、合衆国を外国や国内の敵対勢力による攻撃から守り、また日本の天皇をはじめいかなる外国政府・権力・組織に対しても忠誠も服従もしない、と拒絶することを誓えますか？」であった。

この二つの質問に「ノー」と答えた者はのちに「ノーノーボーイ」と呼ばれた。彼ら、約一万一

図 4-10　フランスを進軍する 442 部隊(1944 年)

二〇〇人は忠誠心に欠けるとされ、カリフォルニア州北部のツールレイク収容所へ移送され、戦後の一九四六年三月まで解放されることはなかった（SFシリーズ『スター・トレック』などで知られるアメリカの俳優ジョージ・タケイの一家も、ここに収容されていた）。「不忠誠者」とみなされた彼らのなかには、市民権を持つアメリカ人である自分たちを収容所に押し込める人権侵害を犯しながら、従軍を迫る政府の欺瞞性を問題視したがゆえに「ノー」と回答し抗議した者もいた。

だが、自由と民主主義を守るためファシズムと戦い、軍隊に入ることが忠誠心の証しになると考え、多くの日系二世の若者が入隊を選択した。ヨーロッパ戦線で戦った日系二世兵士は、「あたって砕けろ(Go for broke!)」(由来は、ハワイのサイコロ・ギャンブルで用いていたスラング)をスローガンに、第一〇〇歩兵大隊と四四二部隊（第四四二連隊戦闘団）で活躍した。

この二世兵士とはアメリカ史上、最も強く歴史に翻弄された皮肉な存在である。いったんは軍事上、危険な存在として家族ともども収容所に強制的に入れられながら、自らは祖国のために死ぬ決意をして軍隊に志願したものの、家族は鉄条網の中で収容されたままであったのだから。

ハワイ出身の日系二世からなる第一〇〇歩兵大隊は、本土での訓練の後、一四〇〇名が北アフリカ戦線へ送られ、一九四三年九月にはイタリア戦線へと転戦した。激戦の末、三〇〇名が戦死、六五〇名が負傷するなど、死傷者の多さから「パープルハート大隊」(戦死傷者が受けるパープルハート勲章に由来)と呼ばれるようになった。

同部隊は、新たに加わったハワイの二世部隊と本土の各収容所を出た約八〇〇名の二世たちによって編成された四四二部隊と合流した。ハワイ出身者と本土出身者では、人種差別の被差別経験に大きな差があり両者は対立し、それぞれが本土出身者をkotonk(空っぽの頭の意味)、ハワイ出身者をBuddhahead(仏陀の頭。刈り上げ頭を揶揄)と呼んで反目しあった。しかし、ハワイ出身者に強制収容所を見学させるなど、本土日系人の置かれた苛烈な状況がわかるにつれて、対立は解消していったといわれる。

四四二部隊は、イタリア戦線での戦闘後フランスへ移動し、一九四四年一〇月、ドイツ軍からフランス北東部の町ブリュイエールを解放した。また一九四四年一〇月には、ヴォージュ山地でドイツ軍に完全包囲されていたテキサス大隊二一一名の救出作戦に駆り出され、見事救出に成功した。しかし、テキサス大隊の白人兵士を救出するために、四四二部隊は二一六名が戦死、六〇〇名以上が重傷を負った。二世兵士は仲間の屍を乗り越えさらに進軍し、なかにはドイツのミュンヘン近郊

図 4-11　ヘンリー・スギモト《戦死》(左，1943 年)，
《1945 年，故国爆撃》(右，1965 年)

全米日系人博物館のヘンリー・スギモト・コレクションは，2018 年現在で 139 点が公開されている．
Japanese American National Museum (Gift of Madeleine Sugimoto and Naomi Tagawa, Japanese American National Museum, 92.97.95)
Japanese American National Museum (Gift of Madeleine Sugimoto and Naomi Tagawa, Japanese American National Museum, 92.97.8)

のダッハウ強制収容所の解放を行った者もいた。ただし、このダッハウ解放は、公式には白人の別部隊の功績とされ、一九九二年まで公にはされなかった。

二世兵士と、収容所に残された家族との関係は、いかなるものだったのか。ここでは和歌山出身の日系一世画家、ヘンリー・スギモト（一九〇〇―九〇）の作品を紹介しておこう。スギモトがジェローム収容所やローワー収容所などで描きためた作品から、私たちは収容所の日常の断片を知ることができる。図4-11左は、四四二部隊が結成された一九四三年の作品《戦死》で、右は広島への原爆投下のニュースを知った収容所を描いた戦後の作品《一九四五年、故国爆撃》である。

四四二部隊が一九四五年、第二次世界大戦での戦いを終えた時、戦死者は六〇〇名を超え、死傷者数はのべ九四八六名となり、死傷率三一四％という犠牲を払っていた。四四二部隊は、米軍史上、最も多くの勲章を得た部隊となったが、のちにハワイ州選出の上院議員となるダニエル・イノウエが右腕を失ったように、その犠牲の大きさは計り知れない。陸軍が「忠誠登録」を提案する段階で、ヨーロッパ戦線で捨て駒として使える、全員二世からなる戦闘部隊と、また対日戦のための情報兵として二世兵士を使うことが計画されていたと考えるべきだろう。後者は、ＭＩＳ（軍事情報部）に配属され、戦術的情報の分析、通訳や翻訳、沖縄戦では投降の呼び掛け、捕虜の尋問などを行い、戦後には対日占領任務にもついた。

大戦終了後の一九四六年七月一五日、ホワイトハウスにて四四二部隊の帰還祝賀会が開かれ、トルーマン大統領は「諸君は世界の自由諸国のために戦った。敵軍に向かって戦ったばかりでなく、偏見に対しても戦い、そして見事、打ち勝ったのです」と讃えて、労をねぎらった。

戦後社会における日系人の社会的上昇において、この二世兵士の功績が果たした役割は決して小さくないものの、勲章に飾られた軍服を着た日系人とその家族にとって、第二次大戦とは何であったのか。戦場の英雄ダニエル・イノウエは、ハワイへの帰路、立ち寄ったサンフランシスコで理髪店に入り、亭主に「ジャップの髪は切らないよ」と言われ、本土の戦友の行く末を案じた。

第五章　アジア系アメリカ人の戦後

1　戦争の爪痕とアジア系アメリカ人──「よい戦争」と「冷戦」

第二次世界大戦とアジア系アメリカ人

前章で取りあげた日系人以外のアジア系移民にとっても、第二次世界大戦は大きな転機となった。アジア系移民はそれまで、アジア初の移民集団であった中国人への排斥運動から連綿と、日本人もインド人も朝鮮人もフィリピン人もみな、「東洋人」として組織的な人種偏見にさらされ、一世は「帰化不能外国人」として市民になる道を閉ざされてきた。

だが、アメリカには、「戦争をしているときのみマイノリティは「アメリカ人になる」」という言葉があるとおり、戦争の勃発により東洋人は、枢軸国側の「悪いアジア人」である日系人と、連合国側の「良いアジア人」である中国系、フィリピン系、朝鮮系などに二分された。「良いアジア人」とみなされた人々はこれを絶好の機会と捉え、アメリカ社会での地位上昇へと結びつけていった。

ここではまず中国、フィリピン、朝鮮半島出身者の戦争経験と戦後を追ってみよう。

中国系の場合には、真珠湾攻撃後まもなくして変化の兆しが見られた。開戦から二週間後の『ライフ』誌に「中国人と日本人の見分け方」(図5-1)という写真付き記事が掲載され、次のように書かれた。

アメリカ市民は、日本人と中国人の見分け方という悩ましい問題について無知をさらけ出してきた。全米の都市に散らばる七万五〇〇〇人の在米中国人は、罪のない犠牲者である。彼らの祖国は信頼できる同盟国であるのに……。

この混乱を少しでも解消するために、『ライフ』は人体の部位による見分け方のちょっとしたコツを提示してみたい。それによって敵性外国人である日本人と友好的な中国人とは区別できるはずである。

『ライフ』誌のみならず、全国メディアがキャンペーンを打ち、それまで「苦力、非同化、ギャンブラー、売春婦」などと否定的なステレオタイプが形成されてきた中国人が、一転して「ジャップ」に抗して戦う、戦場の盟友になったのである。サンフランシスコやニューヨークなど全米の中国人のうち、一万三四九九名が軍隊に入隊ないし徴兵登録を行った(中国人成人男性人口の二二%)。

また、一九四三年には蔣介石夫人の宋美齢が渡米、連邦議会で演説を行い、排華移民法の撤廃を求めた活動を展開した。このことが功を奏し、六〇年あまり中国人のアメリカ入国を阻んできた排華移民法がついに一九四三年一二月一七日、撤廃されることが連邦議会にて決定した（マグヌソン法）。排華法の撤廃は中国の外交目標であったから、この措置は同盟国たる蔣介石政府への配慮からでたものだった。だが、実際には、中国人の移民受入数は年間一〇五名に制限され、「帰化不能外国人」の地位は基本的には変わらず、大規模な中国人移民の再開には、後述する一九六五年の移民法改正を待たねばならなかった。

図 5-1 「中国人と日本人の見分け方」（『ライフ』1941 年 12 月 22 日）

上は国民党政府の経済担当相翁文灝《おうぶんこう》，下は東條英機.

加えて、祖国中国が一九四九年に中華人民共和国となり、国共内戦に敗れた蔣介石の国民党政府が台湾に逃れるという政治的激動が、在米中国人コミュニティを混乱に陥れた。翌年開始された朝鮮戦争は、反共、反中国感情を高める結果となり、一九五〇年にはマッカーシズムの起点をなす国内治安維持法（冷戦下の反共政策で、スパイ行為やサボタージュ活動の明らかな可能性を持つ人物の拘禁権限を司法長官に付与した）が成立し、中国人にとっては、第二次大戦で罪のない日本人の身に起こった拘禁が現実味を帯びたものとなった。

反共主義の魔女狩りは広がりをみせ、ＦＢＩは「中国人告白プログラム」なるものを展開した。「紙息子」などの不法滞在者や「中共」とつながりのある者を密告すれば、自身の罪は軽減され正式な居住証明書が付与される仕組みを作って、コミュニティ内は一気に赤狩り旋風が吹き荒れ、監視社会化することとなったのである。

アメリカのアジア太平洋戦争参戦は、フィリピン系アメリカ人にも劇的な変化をもたらした。真珠湾奇襲の七時間後、日本軍はフィリピンにも侵攻し、ルソン島のバタアン半島ではフィリピン軍とアメリカ軍の混成部隊が抵抗するものの、四カ月後の一九四二年四月にはバタアンは陥落した。敗れたものの、米国内ではフィリピン兵を英雄と讃える声があがり、大統領夫人エレノア・ローズヴェルトは「バタアンの戦闘は、二つの異なる人種がお互いに尊敬しあうならば、どんなことができるかを示す見事なお手本です」と述べた。

フィリピンは、一八九八年の米西戦争の結果、アメリカが併合した領土である。併合後のフィリピン人による独立革命を軍事弾圧し、アメリカが植民地化して以降(一八九八―一九四六年)、フィリピン系移民には合衆国市民権は付与されなかった。それは、ハワイなどとは異なりこの海外領土をアメリカ政府が「非編入領土」とみなし、「市民権のない合衆国人(nationals)」という特殊な二級市民のカテゴリーを作ったためである。それゆえに植民地からの唯一のアジア系移民という特異な立場ながら、国籍上は、他のアジア系同様、「帰化不能外国人」の地位に甘んじることとなった。

フィリピン系の本土渡航は、移民制限法の強化により中国人、日本人らの流入が停止するなか、西海岸の農業分野の労働力不足を埋めるべく始まった。アラスカの漁場で働く者もいたが六割は農業関係で、野菜や果物の一番きつい摘み取り作業を担った。アメリカ帝国の「白人の責務」のもとでは、慈悲深い恩情をかけられ「小さい茶色の兄弟」として文明化の対象とみなされたが、アメリカ本土では他のアジア系同様、苛烈な人種差別の対象となった。フィリピン移民の作家、カルロス・ブロサンの『我が心のアメリカ』(一九四六年)には、暴力のターゲットとなったフィリピン系のリアルな米国生活が描かれている。

他のアジア系移民差別と異なるのは、フィリピン系への差別が白人男性からのセクシュアルな警戒心の現れであった点であろう。

特定の地域に集住することなく、メキシコからの労働者と同じように渡り労働者として移動を繰り返すフィリピン系にとって、唯一の娯楽は「タクシー・ダンスホール」(お金を払って、ダンスホールの女性にダンスの相手をしてもらう)で、白人の女性と遊ぶことであった。カリフォルニアの異人種間結婚禁止法では、「モンゴリアン」と白人の結婚禁止は定められていたものの、フィリピン系の「マレー人種」については法解釈が確立していなかったので、この新たなアジア系移民の性管理のため、従来法に修正が加えられたほどであった。

一九二四年移民法は、アメリカ植民地からやってくるフィリピン人には適用されなかったため、流入は続いた。同時期、大恐慌下の連邦議会では以前より方針として定まっていた独立付与の動きが強まり、一九三四年にはフィリピン独立法が成立し、翌三五年には、一〇年後の独立を前提とする自治植民地として「フィリピン・コモンウェルス」が誕生した。その後、第二次世界大戦と日本軍による占領(一九四二―四五年)を経て、一九四六年七月四日にフィリピン共和国が独立することとなる。

こうして戦前においては逆境にあったフィリピン系移民であるが、兵士としての国への貢献が、戦後アメリカ社会での社会的地位の向上へとつながっていった。日本軍による米国への宣戦布告とフィリピン侵攻により、カリフォルニアだけでも成人男子人口の四割にあたる一万六〇〇〇人が徴兵登録に応じ、アメリカにおける自分たちの自由のため、また祖国解放のため戦った。

中野聡『歴史経験としてのアメリカ帝国』に詳しいが、「アイ・シャル・リターン」の約束を果たしてレイテ島に上陸するダグラス・マッカーサーの給仕・用度係を務めたフランシスコ・サルベロン(戦後すぐに合衆国市民権を取り、米空軍に所属。退役後は「マッカーサー伝説」の語り部となる)に代表されるような戦争ベテランの数々の功績が、いまのフィリピン系アメリカ人の地位を築いていった。

一方、コリア系はどうだったのか。現在(二〇一〇年)では一七〇万を数え、アジア系の中でも五番目に人口が多い集団となっているが、戦前のコリア系はごく少数であった(一九二〇年一二二四名、一九四〇年一七一一名)。一九〇三年にハワイの砂糖耕地に向かった一〇三名が最初の渡航であり、日本同様、一九一〇年から一九二四年までに約一〇〇〇名の女性が写真花嫁として渡米したことがわかっている。

朝鮮半島出身者は、ときに「アジアのアイリッシュ」と呼ばれるように、渡米後まもなくして祖国独立運動を展開した点で特異な移民集団であり、「国がない」亡命者/祖国喪失者としての側面を持っている。一九〇五年には日本が大韓帝国の外交権を掌握し、人の移動の規制を開始し集団移民が停止したため少数にとどまったが、その独立運動は、第一次世界大戦後、ウィルソンの民族自決の原則に期待し、日本の植民地下の朝鮮半島で三・一独立運動が起こると、アメリカ本土、ハワイ、上海などでトランスナショナルな運動として展開された。アメリカ本土やハワイには、のちに韓国初代大統領となる李承晩など、一九一九年に上海で設立された臨時独立政府指導者となった一世が多く、運動の拠点であり続けた。

一九二〇年にアメリカ連邦議会でアイルランド支援法案が可決した際、同時並行して朝鮮支援法案が提出されたものの、承認を得ることはできなかった。アメリカ本土では、コリア系移民の多くは最初、農業労働者となったが、白人社会からは日本人と間違えられ、日本植民地下の同胞と同じく、苦難の生活を強いられた。

第二次世界大戦勃発時も、コリア系は一九四〇年の外国人登録法にもとづき、いったんは日本人と分類され「敵性外国人」扱いされた。独立運動家たちは日本帝国の崩壊と祖国独立を願いこの戦争を歓迎したが、対日戦に貢献できる地位を確保するまでにかなりの時間を要したため、コリア系だけは第二次大戦の恩恵は限定的だったといえる。

一九五〇年六月に始まる朝鮮戦争後も、混乱が続いた。日本の植民地支配から解放された朝鮮半島は、東西冷戦が進行するなか南北に分断され、再び帰るべき祖国、居場所を失う者が出た。一九四五年に米軍が上陸して以降、米軍駐留が常態化し、米兵と結婚する韓国人女性の戦争花嫁や、基地周辺で多く生まれた混血児を養子としてアメリカに送る人流が生まれ、これが五〇年代以降、アジアからアメリカへと渡る「国際養子」急増の端緒となっていく。コリア系移民が急増するのは、一九六五年移民法制定後、七〇年代以降のことである。

第二次世界大戦と人種差別主義

第二次世界大戦は、国内人種問題が国際的にも注目を集めたことで、人種差別主義への取り組みに大きな覚醒を促す結果となった。国内のマイノリティを総動員した総力戦となった戦争で、マイノリティの国民化が一気に進んだのである。

南部から北部・中西部・西部への黒人の大移動(一九一〇―七〇年に約六〇〇万人が移住)は、戦中の大規模な軍需産業への動員により加速し、一九四二―四五年に五〇万人の黒人が南部を去った。軍需産業では、一九四一年の大統領令により人種差別を禁止していたため、黒人やフィリピン人らが異人種同士の工場労働を経験した。戦時中、一〇〇万人にも及ぶ黒人がアメリカ軍の軍務につき、実際に五〇万人が外国の戦場へと赴いた。従軍した黒人兵は、はじめ海兵隊や空軍に受け入れを拒まれるなど露骨な人種差別に直面したが、人種別部隊に編成された黒人兵は反ファシズムと反人種差別という二つの闘いでの勝利(ダブルビクトリー)を目指して貢献し、朝鮮戦争までには軍隊内での人種隔離は撤廃されていった。

一方、フランクリン・ローズヴェルト大統領は、戦後国際秩序構想をめぐり、米英ソ中で議論を開始した。彼は勝利を確信した一九四三年以降、アメリカ中心の国際秩序を構想し、一一月のカイロ会談、テヘラン会談においてアメリカ主導の国際組織の設立の合意を得た。翌四四年にはダンバートン・オークス会議が開かれ、国際連合の設立が決まり、国連憲章草案が審議された。

第一次世界大戦後の国際連盟憲章に日本が人種差別撤廃条項の明文化を提案したこととの関連で注目されるのは、この会議で蔣介石が、その日本提案を十分に意識した上で、「すべての国家とすべての人種の平等を維持すること」を提案したことであろう。この提案によってのちに、国連憲章第一条第三項で「人種、性、言語または宗教による差別なくすべての者のために人権及び基本的自由を尊重するように助長奨励すること」という、国際連合の目的が謳われることとなったのだ。その後、一九四八年には世界人権宣言が採択され、国連を中心とする人権問題への取り組みが強まったのは周知のことである。

さらに第二次世界大戦が国内人種問題に進展をもたらした具体的な成果としては、ヨーロッパ・アジア戦線に参加したアメリカ軍一六〇〇万人の現地女性との恋愛問題を取りあげておきたい。これもまた、通常は移民史とは切り離された、戦時における主要な移動主体、軍隊の話である。

米軍は、敵国軍人や被占領地の住民と親しくなることを戒めるとともに、士官・下士官とのあいだでの恋愛を禁止するなど、軍人として相応しくない関係を規制する方針を打ち出していたが、戦地では結婚を希望する兵士の数が増えて、最終的には一〇〇万人近くの女性が米兵・軍属と結婚し、そのうち七五%が「戦争花嫁」としてアメリカに入国したとされる。地域別にはイギリスで一〇万人以上、オーストラリア・ニュージーランドで一万六〇〇〇人、ヨーロッパ人女性が一五—二〇万人、アジア人女性が五—一〇万人、結婚したとされる(一九四四—五〇年)。米兵と結婚した日本人女性の移住は、一九四七年の日本人花嫁法や一九五〇年の公法七一七を通じて渡米が許可されたが、その総数は三—五万人と言われる。

こうした戦争花嫁の米国流入による後押しもあり、国内の異人種間結婚禁止法の法体系においても、第二次大戦の教訓が従来の体制を突き崩す判決をもたらした。メキシコ系女性と黒人男性の異人種カップルをめぐるカリフォルニア州最高裁ペレス判決(一九四八年)において、首席判事らは、結婚は「個人の権利であり、人種集団の権利ではない」とし、人種のみを理由に個人の行動を制限することは合衆国憲法修正第一四条の平等保護条項違反である、と裁可した。

判決では、これまで全米各州の裁判で提示された、白人以外の人種の身体的・知的劣等性の議論や混血児が市民の質を劣化させるといった優生学的見解については、人類学者のフランツ・ボアズやルース・ベネディクトらの研究成果を引用し、科学的根拠がないと一蹴した。また、カーター判事は、このような白人至上主義的純潔主義は、ナチス・ドイツの主張と同じだとしてヒトラーの『わが闘争』を法廷で引用し、警鐘を打ち鳴らした。こうしてペレス判決は、異人種間混交禁止の体制に風穴を開ける画期的な判決となり、一九六五年までに西部と中西部のすべての州で禁止法が廃止される道を切り開いた。

2　日系アメリカ人の戦後経験——リドレス運動とモデル・マイノリティ論

リドレス運動と一九八八年「市民的自由法」

では、強制収容所を出て新しい土地への再定住を目指した日系人の戦後は、いかなるものだったのだろうか。

ＷＲＡ（戦時転住局）は、戦時の労働力不足と収容所維持にかかる経費削減を目的に、「忠誠的な」

日系人を収容所から出す検討を早くも一九四二年六月には開始していた。それが二世兵士部隊の結成に結実したことは第四章で述べたとおりだが、それ以外にも、西部や中西部の季節農業労働者として働く者や、高等教育の機会を得て東部の大学への入学が認められた二世が四三〇〇人ほどいた。

一九四四年一二月には連邦最高裁が、すでに「軍事的必要性」はなく、立ち退き者の意思に反する拘留は違憲との判決を下した。これを受け、陸軍省は一九四五年一月二日で立ち退き命令を撤回すると公表し、終戦前ながら、四五年末までにすべての収容所を閉鎖する予定であることが発表された。WRAは、古巣の西海岸以外への日系人の再定住を推奨したが、いったん東部や中西部に再定住した日系人を含め、九割以上の者が西海岸へと帰還した。

しかし、一世が渡米した直後と同じく、土地なし、資金なしのゼロからのスタートを余儀なくされた日系人も多く、再定住のプロセスは苦難の連続であった。「不忠誠組」がいたツールレイクの収容所だけは出所が遅れ、戦後の一九四六年三月二〇日までかかった。彼らからは、一九四四年に連邦議会で可決された国籍剝奪法による市民権放棄申請が多く出され(五七〇〇名)、最終的に四七二四名が日本へと送還された。

この時期の聞き取り調査、オーラル史料によれば、戦後の新生活をスタートさせた日系人家族は、戦後長らく一世も二世も、強制立ち退きの経験を子どもには話そうとせず、沈黙を守ったことが知られている。強制収容所経験の精神的苦痛から、日系であることを恥や罪であるかのように感じ、

「スティグマ」化していたのである。のちにマンザナール収容所への巡礼企画を立ち上げたエイミー・イシイは、「女性はもしレイプされたら、「私はレイプの被害者だ」などと言ってまわるようなことはしない。……これがまさに強制立ち退きさせられたわれわれ」の気持ちだと語り、「収容」経験を三世と共有することの難しさを語っている。

では、本節の主題である戦後の補償要求、リドレス運動はいかにして始まったのだろうか。じつは、一九四八年に制定された日系アメリカ人立ち退き賠償請求法により、戦時に失われた財産に対し、些少ではあったが金銭的な賠償が行われたことはあった。ただ賠償額の算出法などに問題が多く、強制収容の心理的苦痛への手当てが一顧だにされていなかったため、不正義を糾すという意味での補償では決してなかった。

その後一九七〇年まで、強制収容に対する補償要求は影を潜めるのだが、同時代に進行していた二つの運動、アクティビズム――黒人の公民権運動/ブラックパワーとアジア系のイエローパワー運動――の共振に着目しておく必要がある。

この時期、黒人による公民権運動は連邦議会での公民権法(一九六四年)と投票権法(一九六五年)の制定を勝ち取り、人種隔離と黒人の投票権剝奪を特徴とするジムクロウ体制を打倒するも、都市暴動が頻発し「非暴力の運動」の求心力は失われ、ブラックパワーを叫ぶ黒人ラディカルたちに社会の関心は集まっていく。この黒人たちと日系人の関係は、マルコムXが演説中に凶弾に倒れた直後

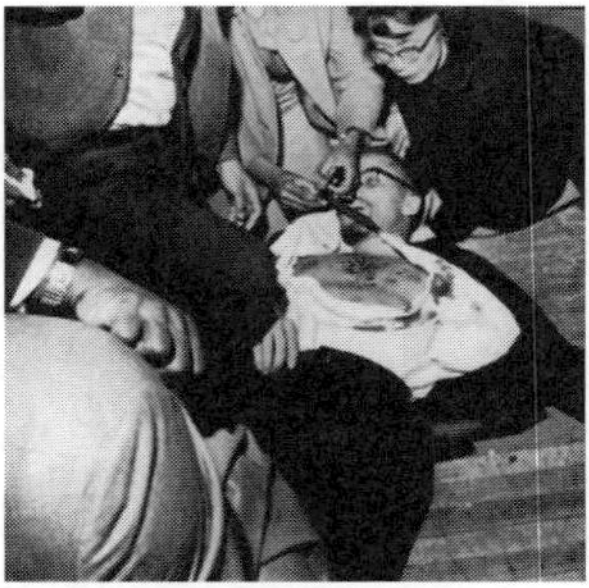

図5-2　1965年2月21日，マンハッタンで演説中に凶弾に倒れたマルコムXを介抱するユリ・コウチヤマ(右上)(『ライフ』1965年3月5日)

の写真(図5-2)に写り込んだ日系人女性、「ハーレムの母」と呼ばれたユリ・コウチヤマしかり、両者の接点を歴史上に見出すのは決して難しくない。

かつては「オリエント」「東洋人」、時には「ジャップ」「チンク」と蔑称で呼ばれていたマイノリティが、自ら「アジア系アメリカ人」として名乗りをあげ、政治的権利を獲得するための社会運動体として「イエローパワー」運動を開始したのは、他ならぬブラックパワーの運動に触発されてのことであった。

ユージ・イチオカらアジア系の学者らがカリフォルニア大学バークレー校(UCB)に集まり「アジア系アメリカ人政治同盟」(AAPA)を結成し、サンフランシスコ州立大学やUCBでは全米初のエスニック・スタディーズ学部が設立され、「アジア系アメリカ人研究プログラム」が開設されていった。「アジア系とは誰か」を学ぶ授業で、差別や人種主義といったテーマを扱い、三世世代は収容所経験の過去を学ぶ機会を求め、親世代の沈黙を破る準備を進めていったのである。

さらに、リドレス運動につながった運動の一つとして、日系人活動家が関わった国内治安維持法第二項の廃棄運動があるが、これもまた黒人活動家と接点を持っていた。先にもふれたようにこの緊急時拘留法(一九五〇年)は、マッカーシズムの嵐が吹き荒れるなか制定されたもので、スパイ活動や破壊活動などに関与するかもしれない「共産主義者」を逮捕・拘留する権限を大統領に与えるものであった。

同法は、マッカーシズムの凋落とともに忘れられた存在となったが、公民権運動やベトナム反戦運動のさなか、マーチン・ルーサー・キングやストークリー・カーマイケルのような黒人活動家らが拘留されるとの噂が流布する。そうしたなかで、収容所の復活を阻止し(司法省は日系人の旧強制収容所六カ所を拘留所として用意していた)、不正義による無実の犠牲者が生まれぬよう、アジア系最古にして最大の人権団体である日系アメリカ人市民連盟(Japanese American Citizens League, 略称JACL)が取り組むべき、との声があがった。一九六九年にはハワイ州選出のダニエル・イノウエ上院議員によりこの第二項廃棄の法案が提出され、連邦議会にて可決、運動は成功裏に終わった。

こうしたマイノリティ運動が隆盛するなか、一九七〇年のJACL全国大会にて、サンフランシスコ州立大講師であった二世、エディソン・ウノによる、第二次大戦中の強制収容に対する政府への補償要求提案が正式に採択され、「全米補償請求委員会」が誕生した。

当時は補償要求に反対する者も多くいたが、一九七八年末にシアトル近郊のピュヤラップ仮収容所跡で二〇〇〇人以上の日系人らを集め「追憶の日(Day of Remembrance)」の行事が開催された。翌年、かつて大統領令九〇六六号が発令された二月一九日に、ロスアンジェルスやサンフランシス

図 5-3　ホワイトハウスで市民的自由法に署名するレーガン大統領(1988 年 8 月 10 日)
Getty images
取り囲んでいるのは，日系の連邦議員や全米日系人博物館館長ら．

コなどで「追憶の日」イベントが開催されると、草の根の運動の輪は一気に広がり、「不正義を糾す」という意味のリドレス(Redress)運動の方針が共有されるようになっていった。

ＪＡＣＬ幹部は補償要求の進め方をカリフォルニア州選出のノーマン・ミネタ下院議員、ロバート・マツイ下院議員、ハワイ州選出のダニエル・イノウエ上院議員、スパーク・マツナガ上院議員と協議した末に、事実調査のための委員会設置を求め、一九八〇年に「戦時民間人転住・収容調査委員会」(ＣＷＲＩＣ)が設置されるに至る。ＣＷＲＩＣは一九八一年、二〇日間にわたる公聴会を西海岸を中心に全米諸都市で開催し、日系人、元政府関係者、研究者など、合計七五〇名以上が証言した。

ＣＷＲＩＣは一九八三年、公聴会の結果を受けて報告書『拒否された個人の正義』を刊行し、強制収容は「人種差別、戦時ヒステリー、政治指導者らの失政」であったとの結論を下した。委員会勧告に従い、連邦議会は一九八八年八月一〇日、まさに合衆国憲法二〇〇周年記念の日に「市民的自由法」を成立させた。立ち退き・強制収容を受けたすべての生存している日系人に対し、ロナルド・レーガン大統領は公式に謝罪、一人につき一律二万ドルの補償金を支払うことを決定し、同時に、日系人コミュニティに対してその遺産を守るための教育基金も設置された。

かくして、戦時中の日系人の強制収容および立ち退きが不当な人権侵害であったことが国家的に認められ、強制収容の過去のスティグマが公式に払拭されたのである。

日本近現代史とアメリカ史における「日本人移民」という問い

ここまでリドレスが達成されるまでの歴史を追ってきたので、前章で扱ったパートを含め、日本人移民の歴史を、日米の史学史の文脈から批判的に問い直してみたい。

アメリカ史においても、日本近現代史においても、日系アメリカ人に関する研究蓄積は膨大であり、多くの研究者の関心を集めてきた。歴史研究とは、現在と過去との終わりなき対話の過程であり、アジア系の当事者語り(エスニック・スタディーズ)であれ、アメリカ史であれ、日本史であれ、歴史語りにはその時代や場所性、それに書き手の立場性が反映されるものである。

アメリカ史ないしアメリカ移民史の叙述の文法になっているマイノリティ研究では、国家による人種差別や移民排斥を激しく告発し、被差別・被抑圧民として国家による自己承認を要請するスタイルをとるのが常である。日系人が差別されながらも、最終的に国家による不正義を認めさせリドレスを達成するプロセスは、まさにこの過程そのものである。

しかし、当初はアメリカの国民統合過程での人種主義や排除の力学を批判する立場であったはずなのに、マイノリティ側の抗議が承認されてしまうと、じつはすぐに彼らは「国民の物語」へ、さらにいえば、人種差別を克服した「国家再生の物語」へと回収されてしまうのである。

実際、日系人の場合、彼らの苦難の歴史は、スミソニアンのアメリカ歴史博物館にて「より完全な統合に向けて(A More Perfect Union)――日系アメリカ人と合衆国憲法」という歴史展示を通じて、一九八七年から二〇〇八年にかけて大々的に「国家再生の物語」として語られてきた。そこでは、独立宣言や憲法で明文化されていた諸権利を日本人移民が奪われたこと、戦争中に強制収容所送りになる悲惨な経験をしたことなどが、詳細に紹介されていた。しかし、この日系人苦難の物語は、一九八八年の市民的自由法の制定というハッピーエンドで終わるのだ。

ここで、なぜ日系アメリカ人だけがリドレスの対象となったのか、なぜ黒人奴隷の子孫やアメリカ先住民の子孫らはリドレスの対象とならなかったのか、と問うてみたらよい。

一九六〇年代の公民権運動の時代に、アジア系、とりわけ日系人は、最も成功したエスニック集団、「モデル・マイノリティ」であるとの報道がメディアでなされるようになった。高収入、高学歴の代表格が日系人である。しかも、模範的マイノリティとしての宣伝は、近年の研究で、一九四三年はじめ以降、つまり日系人二世部隊がヨーロッパ戦線に投入される頃から、国内外向けに始まったことがわかっている。戦時中、世界のいわゆる「有色同盟国」の盟友に戦時国際協力を得るためには、国内の人種主義を否認する必要があったことが、その背景にあったというのだ。

一方、戦後冷戦下や公民権運動、反戦運動の時代には、マジョリティである白人保守派にとって既存の白人優位の社会秩序を保つうえで、不平を言わず、耐え忍びながら成功者となったモデル・マイノリティ、日系人の成功物語は、他のマイノリティの過激な要求を退け、マイノリティの運動を分断するうえで好都合な武器となった。市民的自由法とは、「日系人が人種差別と不公平に忍従したことに対する報酬であり、同時に、日系人のような不平不満を口にせずおとなしい態度を示すのであれば他のマイノリティにもまた将来同様に報われるかもしれないと示唆するもの」(タカシ・フジタニ)だったのである。ちなみに市民的自由法は、四四二部隊にちなんでHR442と名付けられている。

リドレス運動をこのように批判的に解釈することは、運動に邁進しリドレスを勝ち取った日系人を否定するものでは決してない。そうではなく、本来であれば無数にあるはずの国家暴力による被害者の中で、日系人は「移民国家」アメリカの神話により選ばれた、例外的存在だということを知っておくべきだ、ということだ。マイノリティ研究がいつのまにか、暴力的なアメリカのナショナリズムの形成に加担する結果となってしまう罠に陥らないように、私たちは常に注意を払う必要があるのだ。

リドレス運動は、近年では、コリア系や中国系住民をも交えたかたちで、慰安婦問題などのアジアの歴史問題における「不正義を糾す」、社会正義実現のための運動のかたちとして注目を集めている。

日本近現代史の側でも、日系アメリカ人の歴史の語り方には改善すべき点があるだろう。

第一に、これまでの研究の多くが、日系人の被差別史――学童隔離事件、排日土地法、排日移民法、強制収容、戦後再定住など――に関心を集中させてきたということがある。日本移民学会発足にあわせて刊行された『移民研究年報』創刊号「戦後五〇年と日系アメリカ人史研究――語られない一九三〇年代」で阪田安雄は、日系人史において一九二四年排日移民法と一九四一年真珠湾攻撃という二つの事件に区切られた一七年間については、ほとんど研究がないことを指摘している。

この背景には、おそらく一九七〇年代に本格化する社会史ブームやエスニック・スタディーズの研究では、リドレスに結びつく研究テーマが選び取られ、それに寄与しない研究テーマが忌避されてきたということがあるのだろう。いかに市民的自由を奪われてきたのか、差別されてきたのかというポイントは、補償を勝ち取るための有益な研究となるが、一九三〇年代の日系人コミュニティが「軍国主義国家」日本の政策や「侵略行為」を支持していた史実は、モデル・マイノリティの神話から逸脱する日系人像を暴いてしまうことになるのだ。これらは、本書の分析視角からすれば、移民史と帝国史の分断、移民史が世界史として描かれてこなかった陥穽ということになる。

第二に、さらに深刻だと思うのは、日本側の研究では長年、アメリカに向かった人流のみを「日系アメリカ人史」として個別に扱い、同時代の近代日本や日本帝国下の他の人流とは区別することで、両方を視野にいれた総合的な歴史研究を推し進めてこなかった点である。日本の勢力圏への渡航者である「植民」「開拓者」と、非勢力圏への渡航者である「移民」を統合して、人の移動のグローバル・ヒストリーの視座から、近代日本成立以後の人の移動史を再検証することは喫緊の課題であろう。

そもそも、「植民」「開拓者」と「移民」の総合史は始まったばかりだが、明治維新以降の近代日本の人の移動を南北アメリカ大陸に渡った移民との関連で整理すれば、多くの見過ごされてきた論点が見えてくる。

前章では、アメリカ合衆国以外の南北アメリカ大陸に渡った日本人移民の歴史を省いたが、第二次世界大戦勃発前までに最多の日本人が移住したブラジル(一八万九〇〇〇人)を筆頭に、ペルー、メキシコなどラテンアメリカ諸国には約二四万六〇〇〇人の日本人が農業植民地を作る目的で渡航した。

このラテンアメリカへの日本人渡航は、米国への移民が日米紳士協定や排日移民法で停止したことがきっかけで始まっており、明らかに連鎖している。ブラジルへの最初の移民船「笠戸丸」が神戸港を出発したのは一九〇八年であり、家族で渡航した彼らはコーヒー農園でコロノ(契約農民)と

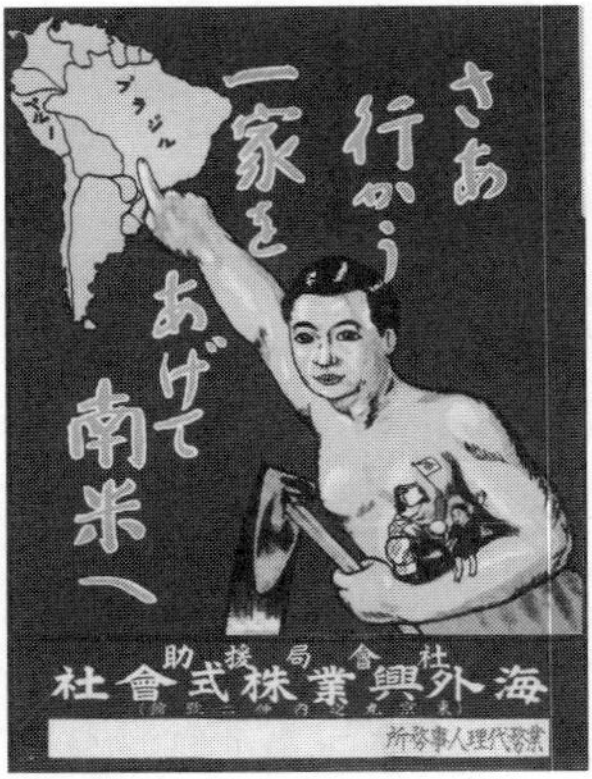

図 5-4　ブラジル移民を促す海外興業株式会社のポスター（大正末期．吉田光邦編『明治大正図誌 16　海外』筑摩書房，1979 年より）

して働いた。また、一九二四年以降は、日本政府はブラジルに渡る移民に一人あたり二〇〇円を補助することを決定した。この措置は、一九二三年九月一日に起こった関東大震災の被災者にブラジル移民を奨励するためであったが、この渡航費全額補助はその後も継続し、国策としてのブラジル移民は本格化した。

日本はその後、一九二九年には拓務省を設置して海外植民をさらに強化し、三〇年代中葉からは「満州国」への組織的かつ大規模な移民事業を推進した。この当時は、カリフォルニア在住の日系人が満州に渡って農業技術者として指導をするなど、南北アメリカ大陸とアジアの勢力圏・非勢力圏の区分を越えて、移民と植民者の交流は一般的なことであった。

だが、一九三〇年代、日本の中国侵略が進行するにつれ、日本への警戒感からラテンアメリカでは排日運動が始まり、入国制限をする国がでた。日米開戦後は、ペルーやボリビアはアメリカに倣い、日系社会の指導層を逮捕してアメリカへ移送し、メキシコは北部や海岸地域に住む日系人を首都メキシコシティやグアダラハラへ移動させるなどの措置をとった。これもまた、日系人が経験したもうひとつのアジア太平洋戦争なのである。

第三に、戦後についても、移民と植民を総合した人の移動の世界史として考察することは必要だ。周知のとおり、近代日本は「帝国」として台湾、朝鮮、満州、関東州、サハリン(南樺太)、千島列島、南洋諸島などに進出し、日本の統治・行政機構を置き、多数の日本人が日本列島から移住して移住者の社会を形成した。また、日本は移民送り出し国であったばかりではない。植民地からの強制徴用を含めた大量の労働者をとくに一九二〇年代、三〇年代の戦時経済の時期には導入した、移民受入国としての顔を持っていたことを忘れてはならない。

日本を中心とする戦後史を考察する場合、日系アメリカ人の歴史経験に加えて、日本の植民地であった朝鮮半島や台湾出身の「日本臣民」のケース、日本帝国の崩壊とともに日本へと帰還した「引揚者」、これら三つのグループを総合的に捉えてはじめて、理解は深まるのではないだろうか。

アジア系移民史第一幕の終わり――「帰化不能外国人」の廃止

日本は一九四五年八月一五日の敗戦により、旧植民地などの地域で支配権を喪失し、現地に居住していた日本人は「引揚者」として日本へと帰還した。アジア太平洋地域の日本人コミュニティはほぼ消滅し、旧満州、ミクロネシア、フィリピンでは、戦後の混乱のなか、帰国できず残留する者もでた。厚生省調べで、敗戦後五年間に日本に帰還した者は六六〇万人にのぼる。約三三〇万人の陸海軍軍人と軍属、それとほぼ同数の民間人である。

海外に在住していた者たちの集団帰還は、米軍による大規模な本土空襲により焼け野原となり、生活インフラが崩壊していた日本にとっては大きな負担となった。ＧＨＱ占領下の日本では、日本人の海外渡航は原則、禁止されており、先述の「戦争花嫁」を例外にして、戦前のような人口増による圧力、余剰人口問題解消のための海外渡航奨励という選択肢はこの時点ではなかった。

しかし、サンフランシスコ講和条約締結が、上述三グループの運命を決定的に動かしていった。一九五二年のサンフランシスコ講和条約により、日本は主権国家として国際社会へと復帰し、新しい日米関係、東アジアの環太平洋冷戦秩序へと組み込まれていった。

この講和条約発効の二カ月後に成立・施行されたのが、一九五二年移民国籍法（マッカラン＝ウォルター法）である。同法成立に尽力したＪＡＣＬのマイク・マサオカらは、彼らが求める「人種平等」の理念と反共主義を結びつけ、アジア出身者の移民と帰化を可能にすることは、「日本、朝鮮、東南アジアの人々に対する人種差別を一掃」するとともに、共産主義と対峙するアメリカのアジア外交に広く利益をもたらす、と説得を試みた。移民法改革での「人種平等」志向は、アジアにおける親米政治圏の確立と結びつけられた。時まさに朝鮮戦争が始まり、共産勢力との対立が決定的になる時期のことであった。

こうして、ＪＡＣＬが取り組んだ人種差別主義的法制度に対する闘争の最初の成功例として、マッカラン＝ウォルター法が、トルーマン大統領の拒否権を乗り越え、連邦議会を通過した。これにより、これまでアジア系移民を排除してきた根拠規定、「帰化不能外国人」が廃止され、移民一世の帰化権が認められ、アジア諸国にも一定の割当枠が与えられた。「帰化不能外国人」として基本的人権に制限を加えられてきたアジア系アメリカ人の歴史の第一幕が終わったのである。

だが、この国籍法にはもうひとつの顔がある。米国在住の一四歳以上の外国人登録を義務づけ、一八歳以上には登録証の携帯を求めたのだ。同法の二年後、一九五四年にはメキシコからの「不法移民掃討作戦(Operation Wetback)」が実行され、一〇〇万人を超えるメキシコ系が強制送還される道筋をつけることにもなった。一八八二年排華法から始まった、在米外国人の帰属を「掌握」し文書として登録する管理技法が、この戦後の段階で再強化されたのである。

さらに、サンフランシスコ講和条約の成立がもたらした出来事として、講和条約の発効とともに、一九五二年に日本国内の旧日本植民地出身者が日本国籍を「喪失」し、外国人登録法の対象となったことを想起すべきだ。植民地下で勝手に「日本臣民」にされながら、帝国の解体・縮減とともに、今度は一方的に法的権利を剥奪され、一切の植民地責任、補償を負うことを日本政府が放棄したということである。

これと同時に、日本の独立とは切り離され、沖縄や奄美諸島(一九五三年返還)が米施政下に一九七二年まで据え置かれ、本土から沖縄へ基地が移転されたこと、沖縄では講和条約発効日が、過重な基地負担など沖縄差別の源流と捉えられているために「屈辱の日」と呼ばれている事実も、一緒に考えるべきだろう。沖縄から戦後海外へと流出した移民が多い理由の一つがここにあるのだから。

付言しておくと、日本政府は主権回復後、ただちに移民事業の再開を決定した。一九五二年には戦後初の国家的移民事業としてブラジルへと、日本人五〇〇〇世帯の入植移住を達成したのを皮切りに、ブラジルにいた日系一世らの仲介もあって、大規模な移民事業が展開した。一九五五年には外務省内に移民局が設けられ、六〇年代にかけて日本中で再び、海外移住促進のキャンペーンが実施されていった。

以後、平和と繁栄の戦後を歩み始める現代日本では、「日本＝単一民族国家」という神話が妖怪のように徘徊し始め、戦前の日本帝国における多民族国家としての記憶は忘却の淵に追いやられ、在日外国人に向けては今日まで続く日本型排外主義の運動が展開することになるのである。

ジョン・ダワーは、戦後復興の起点となるサンフランシスコ講和条約を単に恩恵とみるのではなく、慰安婦問題等の歴史問題や、竹島など未解決の領土問題など、日本に多くの負の遺産をもたらした点を強調し、サンフランシスコ体制を問題視している。日本が連合国諸国との「戦争状態」を終結させ平和条約を締結したこの講和が、植民地支配と戦争により最も被害を受けた中華人民共和国と韓国の参加しない「片面講和」となったことが、現在に至る日本と中国・韓国との離間システムの淵源となったというのだ。

朝鮮戦争の勃発を受け、アメリカは冷戦戦略上、日本と安全保障条約を締結して、アメリカの核の傘の下にいち早く日本を取り込み復興させることを最優先とし、日本がアジア諸国と賠償問題を協議する機会を事実上奪った。このような冷戦の力学の産物として、アメリカの日系移民政策や移民政策全般も見るべきなのである。

戦後日本と日系移民との関係について、最後に一つエピソードを紹介したい。四四二部隊出身で、日系人として初めてアメリカ連邦議会下院議員となったダニエル・イノウエが一九五九年に来日し、当時の岸信介首相と面談した際のものである。

イノウエが「いつか日系人が米国大使となる日が来るかもしれません」と水を向けると、岸首相は次のように語った。「日本には、由緒ある武家の末裔、旧華族や皇族の関係者が多くいる。彼らが今、社会や経済のリーダーシップを担っている。あなたがた日系人は、貧しいことなどを理由に、日本を棄てた「出来損ない」ではないか。そんな人を駐日大使として、受けいれるわけにはいかない」。イノウエにとって、思いがけない屈辱的な言葉であった(ETV特集『日系アメリカ人の「日本」』二〇〇八年九月二八日放送)。

さて、二一世紀の日本で、海外にいる日系人や在日外国人への眼差しは変わってきているのか、溝を埋めることができているのか、とここでは問いを投げかけておきたい。

3　アジア系移民史第二幕のはじまり
――一九六五年移民法と東南アジア難民の受け入れ

一九六五年移民法の意義

アジア系移民の歴史の第二幕は、一九六五年の移民法改正(ハート゠セラー法)により幕が上がった。現在の移民制度の直接的な起源となった、合法移民を中心に諸原則を定めたこの移民法で、アメリカはようやく、北欧・西欧出身の移民を優遇する不当な人種差別的選別方式であった国別割当制を廃止した。

この背景には、冷戦下の国際情勢とその世界世論に訴えた国内の公民権運動の進展(冷戦公民権Cold War Civil Rights)があった。また、東側の共産主義に対抗して西側陣営の自由や民主主義の価値を強調するうえで、より「公平」かつ「民主的な」装いでルール化を行い、アメリカのグローバルな構想と合致した法改正が必要とされたからであった。

一九六五年移民法の制定に向けて強い指導力を発揮したのは、WASP以外で初の大統領となったジョン・F・ケネディであった。アイルランド系移民三世の大統領は、第一章で紹介した『移民の国』において、アメリカの豊かさの淵源を移民が持ち込む多様な文化に求め、脱アングロ・サクソン的語りを展開している。任期途中で暗殺されたケネディは、自らの手で移民国家アメリカに再び黄金の扉を作り出す開放的移民政策の完成をなしとげることはできなかったが、リンドン・ジョンソン大統領が引き継ぎ、一九六五年に新移民法は可決、制定された。

ジョンソンは移民法の署名式の場に、移民国家アメリカの再出発にふさわしい自由の女神像が立つリバティ島を選び、「過去四〇年以上もの間、合衆国の移民政策を歪めてきた国別割当制の不正義」を糾すとし、「二度と再び、偏見と特権という双子の障害物で、アメリカの門扉を遮断することはない」と演説した。

図 5-5　リバティ島で 1965 年移民法に署名するジョンソン大統領　Getty Images

右から 2 人目は JFK の弟のロバート・ケネディ，その左は同じくエドワード・ケネディ．この年には，1892 年以来ヨーロッパからの移民の入国審査施設があったエリス島が「自由の女神国定史跡」に編入された．

興味深いのは、ジョンソンが「これは革新的な法案ではなく」、「アメリカ国民の多くの方々の生活に影響を与えることはない」とも発言している点だ。その真意は、移民国家アメリカの伝統の原点に回帰するだけだとの意味と、後述する諸原則からして、ヨーロッパ移民優位は変わらず、アジアやラテンアメリカからの移民は少数にとどまるだろうという希望的観測があったからだと思われる。

しかしこの発言は、半世紀以上が経った現在からみて、全くの見当違いだったことは明らかだ。一九六五年移民法が、アメリカの人種エスニック編成を劇的に変化させ、アメリカに流入する移民の出身地域や階層までも一変させる起点となるとは、その時点で誰も予測だにしていなかったのかもしれない。

では具体的に、一九六五年移民法による主要な三つの変更点、すなわち①国別割当制の廃止、②「家族再結合」と「雇用基準」という二つのカテゴリーを設け高い優先順位をつけたこと、③グローバルな上限を設け(キャップ制、二九万人。一九九〇年移民法で七〇万人に拡大)、東半球での割当制度撤廃とセットで、段階的に西半球からの移民に量的規制を課したこと、についてみてみよう。

同法は、割当制を撤廃する代わりに、東半球(ヨーロッパ、アジア、アフリカなど)から年間一七万人(一国の上限二万人)、西半球(南北アメリカ大陸)から一二万人(一国の上限なし)という大枠で移民数を決定したうえで、②の二つのカテゴリーでの受け入れを割当外で実施することを取り決めた点が特徴である。

②の「家族再結合」は、アメリカの移民政策においては、一九二一年にヨーロッパ系移民への制限枠を設けたときに、家族呼び寄せ、家族再結合の例外を設けたことに由来する。一九六五年移民法では、「アメリカ市民の配偶者、二一歳未満の未婚の子、親」が「最近親者(immediate relative)」

と定義され、割当枠外での入国が認められた。また、産業界の労働力需要に応えるため、職能カテゴリーによる選別に対応しようと、特別の技能を持つ人材を同じく割当枠外で積極的に受け入れることも可能となった。

この一九六五年移民法により、かつてのヨーロッパ移民中心の移民国家アメリカはアジアやラテンアメリカからの大量移民を迎え入れ、よりグローバルで多文化主義的なものへと再定義されていくことになった。

一九二四―六五年の期間は、年平均一九万一〇〇〇人のヨーロッパからの移民(英独アイルランドの三カ国で割当の七割)を受け入れていたのが、一九六六―八一年の期間では移民総数が年平均四三万五〇〇〇人へと急増した。その内訳は、ヨーロッパからの移民が減少する一方で、アジアやラテンアメリカからの移民が急増する結果となった。アメリカ全体でも、外国生まれ人口の対総人口比は、移民制限の時代に下がり始め、一九七〇年には四・七%まで落ち込んだが、一九八〇年には六・二%、二〇〇〇年には一〇%、二〇一〇年には一三%と、新規移民が一割を超えるに至っている。

一九六五年移民法以降に、移民の出身地がかつてのヨーロッパに代わり、ラテンアメリカとアジアからの移民が全移民の約八割を占めるに至った理由は何か。最大の移民出身地メキシコからは、二〇世紀前半より農業労働者として渡米した者が多く、家族の呼び寄せが相次ぎ、また一九四二年から開始されたメキシコ系労働者のゲストワーカープログラム、「ブラセロ」が一九六四年に終了いる。

し、その後、多くのメキシコ系農場労働者が米国内で非合法移民として働き続けたことも関わっている。

アジアからも「家族再結合」枠での呼び寄せが多くなされたが、アジアの特殊事情としては、米ソ冷戦下で朝鮮戦争やベトナム戦争などの「熱戦」が長引き、その結果、米軍関係者の親族・家族となったアジアの人々が連鎖的な移民として、また次節で述べる難民として流入することになったことが挙げられる。また、冷戦下でのアジア諸国への支援、とりわけ自然科学分野での米国式教育カリキュラムの浸透がアジアからの留学生を増加させ、「雇用基準」枠での専門職・技術者移民の増大をもたらし、それが家族呼び寄せをさらに誘発したからである。

アジアからの新規移民は、かつての男性単身渡航とは異なり、女性が過半数(二〇一四年で五四%)を占めている。アメリカ植民地期の教育制度が残っているフィリピンからは、アメリカの医療施設で働く高度専門職の医師や看護師が毎年、流入している。

表5-1にあるように、一九六〇年にはアジア系最大(全体の五割)だった日系人は、日本の高度経済成長を背景に新規移民が減少し、二〇一〇年にはアジア系全体の七%にまで落ち込んだ。各地のジャパンタウンはさびれる一方である。中国系は一九八〇年以降、最大集団であり続けているが、特筆すべきはフィリピン系やインド系、ベトナム系、コリア系の急速な台頭であり、これもまた一九六五年移民法の帰結なのである。

表 5-1　アジア系アメリカ人の人口変遷

	1900年	1920年	1940年	1960年	1980年	2000年*	2010年*
中国系	118,746	85,202	106,334	237,292	812,178	2,865,232	4,010,114
日　系	85,716	220,596	285,115	464,332	716,331	1,148,932	1,304,286
フィリピン系	—	26,634	98,535	176,310	781,894	2,364,815	3,416,840
コリア系	—	6,181	8,568	—	357,393	1,228,427	1,706,822
インド系	—	—	—	—	387,223	1,899,599	3,183,063
ベトナム系	—	—	—	—	245,025	1,223,736	1,737,433

＊2000 年と 2010 年は複数人種回答者(multiracial identifiers)を含む.

アメリカ合衆国の難民政策

現代のアジア系移民の人流を語るうえで、もうひとつ忘れてはならないのは、戦後アジアにおける「熱戦」の犠牲者である東南アジアからの難民流出である。二〇世紀後半は、一九六五年移民法によりアジア系移民の大量流入が開始されたのに加え、アメリカのドミノ理論にもとづく対東南アジア反共政策の影響により、結果として一九七五年から二〇一〇年にかけて、一二〇万人ものベトナム人、ラオス人、モン族、カンボジア人がアメリカに難民として避難することを強いられたのである。

アメリカへの難民流入の経緯を語る前に、そもそも難民とは何か、アメリカの難民政策についてまとめておきたい。

現代世界で、居場所を追われ国境を越えざるを得ない状況に追い込まれた「難民」の国際的地位は、一九五一年七月に採択された「難民の地位に関する条約」で、「人種、宗教、国籍もしくは特定の社会的集団の構成員であることまたは政治的意見を理由に迫害を受けるおそれがあるという十分に理由のある恐怖を有するために、国籍国の外にいる者であって、その国籍国の保護を受けられない者またはそのような恐怖を有するためにその国籍国の保護を受けることを望まない者」と定義されている。

「難民の世紀」とも呼ばれる二〇世紀において、国連難民高等弁務官事務所（UNHCR、一九五〇年設立）やその前身の国際機関は、一九世紀末から二〇世紀の世界大戦の時代――具体的にはオスマン帝国やオーストリア＝ハンガリー二重帝国など旧帝国の崩壊と国民国家の形成、帝政ロシアの革命と内乱など――に大量の難民や国内避難民が生まれ、国際問題化したことから誕生した。

「移民の国」アメリカは、長らく移民法上は、「難民」と「移民」を区別せずにきた。ピルグリム・ファーザーズについては第一章で取りあげたが、宗教的迫害を逃れ信仰の自由を求めてアメリカにやってきた彼らは、「移民」というよりは「亡命者」や「難民」と位置づけられる存在である。また、自由の女神像の台座に刻まれたユダヤ系の詩人エマ・ラザラスの詩では、自由の女神像は「亡命者の母（mother of exile）」と呼ばれ、政治的・宗教的迫害から逃れてきたすべての人々の避難所とアメリカを位置づけていることも、すでに第一章で述べた。

現代でも、例えばジミー・カーター大統領は、「難民は、我々の世界が、平和と人権の原則に則って生きることに失敗したために生まれた、生きている犠牲者であります。彼らを助けることは人間としての単純な義務であり、アメリカ人として、すなわち大半が難民の子孫からなる国民として、われわれはその義務を痛いほど感じているのであります」(世界人権宣言記念日の演説、一九七九年)と語っている。つまり本書で扱ってきた「移民国家」という例外主義的国家像に、難民受け入れは違和感なく内包されてきたといってよい。

しかし、だからといってそのことが、国際法上の難民の受け入れにアメリカが建国以来、一貫して積極的であったことを意味するわけではない。第四章で述べたように、ヨーロッパで難民問題が深刻化する二つの世界大戦の時期には、アメリカはすでに移民制限に舵を切り始めており、一九二四年法では一八九〇年国勢調査時の人口をもとに国別割当の枠を設定していた。第一次世界大戦後の旧帝国の崩壊と新国民国家の建設により、「国民」枠から排除されたユダヤ人など無国籍者は一〇〇〇万人規模になっていたが、彼ら難民を移民として受け入れることは難しくなっていたのだ。

第二次世界大戦中には、イタリアの難民キャンプからユダヤ人をわずかながら受け入れはしたが、国内ユダヤ系団体からの要求を撥ねつけ、連邦議会では一四歳以下のユダヤ人の子ども二万人の受け入れを求めるワグナー＝ロジャース法案(一九三九年)も否決されている。ナチスによるユダヤ人の強制収容、ホロコーストの情報を一部知りながらも、国家安全保障上の脅威となりうるとしてユダヤ系難民の流入を認めなかったのである。

アメリカがそれまでの政策を転換し、難民受け入れのゴーサインを出すのは戦後、冷戦の勃発が契機となる。トルーマン大統領が一九四七年三月に「トルーマン・ドクトリン」で封じ込め政策を掲げ、七月にマーシャル・プランで西側諸国に対する経済支援を打ち出すなか、アメリカ政府は共産圏から逃れてくる人々を「難民」として積極的に保護するようになる。これによりアメリカ史上はじめて、「移民」と「難民」が異なる法概念として運用されることになった。

その後、「鉄のカーテン」が下ろされたヨーロッパの共産圏から逃れてくる難民を想定して、一九四八年の「避難民法(Displaced Persons Act)」の制定を皮切りに、一九五三年の「難民救済法(Refugee Relief Act)」、一九五七年の「難民・避難民法(Refugee-Escapee Act)」など、法の整備が段階的に行われた。一九五六年のハンガリー動乱では、司法長官が「臨時入国許可」を用いてビザを持たない難民の入国を許可したが、このパターンは六〇年代のキューバからの政治亡命者にも、後述するインドシナ難民にも踏襲された。

先述した一九六五年移民法でも、移民受入総数のうち、六%を難民(七四%を家族再結合枠、二〇%を技能枠、六%を難民枠とする競争的選別方式を採用)として認めることを定め、量的に難民受入枠を確保した。だが、ここで注意が必要なのは、依然としてアメリカは国際的な難民定義を用いず、「共産圏における迫害から逃れてくる人々」の意味で運用していたという点である。

その理由は、上述の一九五一年難民の地位に関する条約の第三三条にあった「追放および送還の禁止」(ノン・ルフルマンの原則)が、移民法に定められた米国司法長官の送還権限を侵すものと考えられたためであった。しかし、アメリカは一九七五年のベトナム戦争終結後、ベトナム、ラオス、カンボジアの旧インドシナ三国からの難民を受け入れた結果、一九八〇年に難民法を制定し、国際的な難民定義をはじめて受け入れることになる。

避難所を求めて――ベトナム戦争と東南アジアの難民

ベトナム戦争は、旧宗主国フランスがホー・チ・ミンによるベトナム民主共和国の独立(一九四五年九月二日)を認めず、南部を拠点に再介入したことから始まった。この第一次インドシナ戦争は約一〇年の戦闘を経て、一九五四年のジュネーブ会議にてフランスが撤退を決断し、北緯一七度を南北の休戦ラインにして、二年後に南北統一選挙を実施することが約束された。しかし、アイゼンハワー政権はジュネーブ休戦協定の調印を拒否して、サイゴンにゴー・ディン・ジエム政権を樹立、南北分断の固定化を図り積極的な経済・軍事支援を開始した。

ジエム政権が統一選挙をボイコットし、反対派に弾圧を加え独裁的様相を強めると、一九六〇年末には南ベトナム解放民族戦線が結成され、ゲリラ的抵抗が拡大した。これに対抗するため、ケネディ政権は軍事顧問団を派遣し、大規模な軍事介入を始めた。一九六三年一一月にケネディが暗殺され、ジョンソンが副大統領から昇格すると、「偉大な社会」の実現など内政改革重視の姿勢をみせ、ベトナム介入を限定的なものにしようと試みた。しかし、南ベトナムでの抵抗が増大するにつれて米軍の介入は拡大し、一九六四年八月五日にトンキン湾事件を起こした米軍は北爆を恒常化させ、南ベトナムに戦闘部隊を投入し、「戦争の米国化」が始まった。

しかし、南ベトナム解放民族戦線が主要都市を除く農村地帯を完全にその勢力下におさめ、一九六八年のテト攻勢で国際世論までもがアメリカの介入に批判的となると、ジョンソン大統領は再選不出馬に追い込まれ、一九六九年に第三七代大統領に就任したリチャード・ニクソンは、地上戦闘を南ベトナム政府軍に委譲する「戦争のベトナム化」政策を実施し、撤退を模索し始めた。

だが、一九七〇年以降は一転してカンボジア、ラオスへと戦線を拡大、インドシナ半島全域が戦場と化し、第二次インドシナ戦争の様相を呈した。アメリカ国内では反戦運動が盛り上がるなか、ついに一九七三年一月にパリ和平協定が成立し、三月に米軍のベトナム撤退が開始された。その後もサイゴン政権と解放戦線の戦闘は継続し、一九七五年四月、首都サイゴンが陥落して南ベトナム政府は崩壊し、ベトナム戦争は終結、南北統一が実現した。

米軍がベトナム、ラオス、カンボジアに投下した爆弾は、ナチス・ドイツとその占領地域に投じた量をはるかに超え、そこにはナパーム弾や枯れ葉剤が含まれた。被害が甚大であった南ベトナムでは、一二〇〇万人が家を離れ避難を余儀なくされた。東南アジアでの共産化の連鎖を防ぐドミノ理論の影響もあり、アメリカの戦線はベトナムからラオス、カンボジアへと拡大していた。そのため戦争に負けたアメリカは、この旧インドシナ三国からの難民救済に一九七五年四月のサイゴン陥落前後から着手し、救済活動は二〇〇〇年代まで長期化することになった。

ベトナム難民の流出には大きく二つの波があった。第一波はサイゴン陥落前後である。米軍撤退にあわせて、またアメリカの飛行機や空港破壊後は巨大ヘリコプターやボートにて着の身着のまま脱出した南ベトナム軍・政府関係者の家族や市民たちで、その数は一九七五年末までに一二万六〇〇〇人を超え、それにカンボジア人四六〇〇人、ラオス人八〇〇〇人が続いた。経由地にはフィリピンの海軍基地やグアム、ウェーク島のキャンプが使われた。

アメリカ入国後も、カリフォルニア州南部のペンドルトン基地などが一時収容施設として利用され、その近隣のウエストミンスター市にベトナム人の多くは定住し、いまの「リトルサイゴン」へと発展した。ロスアンジェルスの南方七〇キロメートルほどに位置するこの「リトルサイゴン」には、現在約二〇万人のベトナム系が定着し、二〇〇〇軒近くのベトナム料理店や日用品店が軒を連ねている。

アメリカ政府は、東南アジアからの難民再定住計画は一九七五年に終了すると考えていたが、三国から避難してくる難民は、一九七五年から次のピークを迎える八〇年までに、四三万三〇〇〇人に達した。その後も毎年、約五万人の入国が許可された。第二波の難民は、一九七五年以降の共産党政権下での政治的迫害、統制経済の被害者である。七八年にベトナムがカンボジアに侵攻したことを契機に、カンボジア問題での対立から七九年に勃発した中越戦争の影響もあり、「ボートピープル」として海外に逃れようとする難民が急増した。一九七七年に二万一〇〇〇人、七八年に一〇万六五〇〇人、七九年に一五万人と増加した。第一波、第二波あわせて、一九八五年までに六四万三二〇〇人が海を渡ったことになる。

カンボジアからの難民は、ベトナム戦争時の内戦勃発や米軍の空爆などを経て、一九七五年にカンボジアの支配権を握ったポル・ポト将軍率いるクメール・ルージュが極端な共産主義化を強行し、反対派を次々と処刑して恐怖政治を布き、また外国との関係を断って鎖国政策をとるなかで発生した。大量殺戮の恐怖政治から逃れるためタイに脱出した五〇万人以上の難民たちが、第三国への定住を開始した。二〇一〇年の国勢調査によれば、現在、約二八万人のカンボジア系アメリカ人がいる。

ラオスでは、サイゴン政府を支持していたロイヤル・ラオと北ベトナムを支持していたパテト・ラオとの内戦が勃発し、ベトナム戦争での米軍撤退が決定的になると、ロイヤル・ラオやアメリカに協力していた山岳地帯のモン族らが、アメリカに難民として渡った。

モン族は、第一次インドシナ戦争で戦闘員としての高い能力を見出され、ベトナム戦争ではアメリカ中央情報局(CIA)との契約により、特殊ゲリラ部隊として秘密裏にアメリカの軍事行動に協力した。米軍側には、ラオスの中立を承認したジュネーブ協定違反やモン族の傭兵化に対する国際的な非難をかわすため、モン族の関与した「秘密戦争」を隠蔽する必要があり、米国内で彼らの活躍が報じられることはなかったが、元CIA長官はモン族の秘密戦争での貢献が絶大であったことをのちに証言している。

一九七五年のサイゴン陥落後、モン族のバン・パオ将軍や軍関係者は報復を恐れてタイへと逃れ、同年一二月に第一波の難民約三五〇〇人が渡米、八〇年までに約二万六〇〇〇人が海を渡った。以後、二〇〇〇年までに一四万四〇〇〇人が移住し、二〇一〇年国勢調査でのモン族の人口は二六万人となっており、ミネソタ州のツィン・シティやウィスコンシン州、カリフォルニア州に集住している。

クリント・イーストウッド監督・主演の映画『グラン・トリノ』(二〇〇八年)は、ミシガン州デトロイトが舞台で、フォードの自動車工であったポーランド系の老人(朝鮮戦争の従軍経験がある退役軍人)とモン系の少年タオとの交流を描いている。

戦後のアジア系移民の歴史は、たしかに全体としては、主流社会からの偏見を克服し、社会的成功を勝ち取る「成功物語」としての側面を持っている。白人層よりも平均所得が高い日系人はその象徴であり、「モデル・マイノリティ」としてステレオタイプ化されたことはすでに述べた。

しかし、アジア系アメリカ人を十把ひとからげに成功者として捉えるのには無理がある。インドシナ難民はみな全米平均より貧困率が高く、とりわけモン系は最貧層に位置している。「不法移民」はヒスパニックばかりでなく、その一〇―一一%はアジア系だということも忘れてはならない。「アジア系」とは誰なのか。その問いは、常にアジアの戦後の映し鏡なのであり、彼ら抜きに、移民国家アメリカは語れない。

難民受け入れと人道主義、愛国主義

アメリカは、インドシナ難民の受け入れを開始した一九七五年以降、二〇一五年までに三二五万人の難民を受け入れてきた。移民国家アメリカにとって、この難民受け入れの歴史はどのような意味を持ってきたのだろうか。

近年のシリア紛争を契機とする二〇一四年以降の難民流出は戦後最悪の状況にあり、この難民危機の抜本的解決の糸口は見えない。ヨーロッパ諸国は、人道主義的立場から国際社会における応分の負担をしつつ、国内では受け入れ反対のイスラム嫌悪《イスラモフォビア》と闘っている。最多の難民を受け入れたドイツの場合、ナチス時代の反省に立っており、各国が各々の事情を背負いつつ、極右勢力の台頭という共通の「ヘイトの時代」を招きながら、混迷を深めている。

アメリカの難民受け入れは、ベトナム戦争の泥沼化と軌を一にしてインドシナ難民で本格化するわけだが、ここでの語りは移民国家アメリカの神話の語りとよく似ている。同時代の難民庇護申請者のごく一部を受け入れたにすぎないのだが、インドシナ難民はアメリカの寛容さ、道義性の象徴であり、「人類の避難所」や「丘の上の町」のイメージに合致したアメリカの普遍主義、人道主義に回収される語りとなっている。

たしかに、インドシナ難民の受け入れは、最多受入国のアメリカを筆頭に、オーストラリア、カナダ、フランス、ドイツ、イギリスが応分の負担をし、難民受け入れに消極的な日本ですら強い「外圧」に促され、一万一〇〇〇人あまりの難民を受け入れた、国際的には成功例なのである。嘉手納基地から毎日のように北爆に向かう爆撃機が発進していたことを思えば、関係国ともいえるわけだが、日本がこの規模で難民を受け入れたのは後にも先にも例がない。

しかし、この人道主義的成功物語の語りにより隠蔽された、もうひとつの難民抑圧史にも注目する必要があるだろう。アメリカは冷戦政策の一貫として、「共産圏から逃れてくる人々」を「難民」と定義し受け入れてきた。ベトナムからの難民受け入れに際しては、一人一人の厳密な難民審査を行わず、集団全体を「紛争難民」とみなして、寛容な受け入れを実施した。しかし、この対応が意味するのは、冷戦外交、戦略上の思惑から、アメリカが常に「救うべき難民」と「放置する難民」とを選別してきたということだ。

例えば、一九七〇年代後半以降にニカラグア、エルサルバドル、グアテマラなど中米諸国から流出した人々やハイチ出身の難民庇護申請者には、人権問題であったにもかかわらず、「経済難民」としての扱いをして難民保護の対象とはしなかった。八〇年代のレーガン政権以降は、さらに中米出身者の難民庇護認定を厳格化し、九一年のハイチのクーデター後の大量難民流出時には、海上警備隊により海上で捕捉し、グアンタナモ基地に収容したのである。

もうひとつは難民の再定住後の問題である。かつて移民が、帰化・同化・忠誠・アメリカ化といった一連のあらかじめ敷かれた国民化のレールの上を歩むことを宿命づけられたのと同じように、共産圏を逃れてきた難民の生き方には多くの制約があるということだ。

このことは、難民がつくったエスニック・コミュニティを歩けばすぐにわかる。上述の「リトルサイゴン」には、現在のベトナム国旗もホー・チ・ミンの肖像もなく、旧南ベトナム国旗がはためいている。現在のベトナム、ホーチミン市で観光地化されている戦跡クチトンネルで、米兵との戦闘経験を嬉々として語る勝者のベトナム人とは対照的に、サイゴン「解放」ではなく「陥落」と語り続けるベトナム系アメリカ人の困難が、そこにはある。

「アメリカ人になること」の難民版の困難とは、過度のアメリカへの忠誠であり、難民として救済されたことへの永劫の「感謝」ということなのだろうか。二〇〇一年同時多発テロ後に成立した、市民的自由を制約する「愛国者法(Patriot Act)」を中心になって起草した人物が、サイゴン生まれのベトナム系移民、司法次官ベト・D・ディンであった事実を私たちはここでようやく噛みしめることができる。

現代アメリカの「愛国主義」とはいかにしてつくられているのか。対テロ戦争を遂行する兵士のうち約四万人は、「グリーンカード・ソルジャー」と呼ばれる市民権を持たぬ移民や難民庇護申請者であることを忘れてはならないだろう。

終章　アジア系移民の歴史経験を語り継ぐ

戦後社会における「坩堝」のゆくえ——エスニシティの発見から多文化主義へ

一九六五年移民法改正後のアジア系移民が急増する第二幕の歴史までみたところで、もう一度、二〇世紀初頭に登場した「坩堝」論に遡って、その後の国民統合モデルを整理しておこう。

第一章で詳説したように、「坩堝」論とは同化主義を基本とする枠組みで、移民たちがヨーロッパから持ち込んだ民族性を捨て去り、「単一のアメリカ」へと移行するモデルである。しかし、「新移民」の大波を迎え入れた米社会には、エスニックな文化を肯定的に評価する文化多元主義(pluralism)が登場する。この思想を米社会に広く知らしめたのは、ユダヤ系哲学者ホレース・カレン(一八八二―一九七四)である。

カレンは、一九一五年に発表した論文「民主主義対坩堝——米国国民性の研究」で、民主主義は文化の尊重を保証するものであるとし、「アングロ・コンフォーミティ」や「坩堝」の同化論モデルを牽制し、移民の非同化を攻撃する移民排斥運動を批判した。彼は、移民集団をオーケストラの楽器に喩え、異なった音色を持つ楽器(エスニックな文化の固有性)がメロディを奏でて全体として美しい交響曲(＝アメリカ)が生まれるように、移民は母語や民族文化を捨て去る必要はなく、それぞれの文化を保ちながら、アメリカニズムという主流社会のイデオロギーで統一されるのだとした。これに類似したモデルが、個々の野菜が素材としての味を維持しながら、全体として「サラダ」(＝アメリカ人)ができあがるとするサラダボウル論である。

こうした文化多元主義の新たな統合の隠喩《メタファー》には、二〇世紀転換期に新移民を大量に迎え入れ、彼らが一九五〇年代までにエスニックな文化を保持しながら米社会へと着実に定着していった現実が投影されていた。第一次世界大戦中に展開された新移民向けのアメリカ化運動の一方では、彼らの母語教育支援がなされるなど、国民化と移民文化の保持は両立可能とされてもいたのである。

アメリカ社会学では、アメリカ化が進行する過程で、各移民集団が新たに創造した文化や帰属意識を「エスニシティ」と呼び、新しい学問領域エスニック・スタディーズが胎動し始める。さらに「坩堝」論が机上の理論であり、現実とはかけ離れた神話にすぎないことが証明されることとなったのが、一九六三年にネイサン・グレイザーとダニエル・モイニハンにより著された *Beyond the Melting Pot*(邦題『人種のるつぼを越えて』)であった。

この本は、多人種・多民族都市ニューヨークをフィールドにして、黒人、アイルランド系、イタリア系、ユダヤ系、プエルトリコ系の五集団の社会適応を調査した。そして、彼らが家族のつながりや社会組織、エスニックなアイデンティティを維持し続けている実態を明らかにし、「坩堝」現象は起きていなかったと結論づけたのである。（余談ではあるが、アメリカではこうして命脈が尽きたかにみえる「坩堝」論は、日本では一九五〇年代に、原語にはない「人種」の言葉を加えた「人種の坩堝」という訳語でなぜか定着し、広くアメリカ社会論のキーワードとして普及していく。）

このようなエスニシティへの関心の高まりは、一九六五年移民法以降のヨーロッパ系以外の移民、本書で中心的に扱ったアジアからの移民集団や、ヒスパニック系移民の流入によっても促された。エスニックな愛着とアメリカ人としての国民意識を両立させる「〇〇系アメリカ人」という自己定義は、ポスト公民権運動期の米社会で広く定着していった。

しかしながら、このエスニシティ論は、ヨーロッパ系新移民の歴史経験を暗黙のモデルとして作られており、黒人やアジア系など非白人の人種マイノリティの歴史経験はそれとは異なると、批判されることになった。

例えば、黒人コミュニティの貧困問題を家族やコミュニティの基盤の弱さ、機能不全と捉えるエスニシティ論の説明では、過去数世代にわたって制度的な人種主義に晒されてきた負の蓄積や、現存する差別がみえにくくなってしまう。貧困の連鎖は、決して自助努力で解決できるものではなく、連邦政府が積極的にコミュニティ政治に介入し、既存の白人優越主義的な社会を根幹から変えていくことによってしか解決できない。

このような黒人公民権運動、ブラックパワー運動に影響を受けて登場したのが、もうひとつの「多からなる一」のモデル、多文化主義(multiculturalism)である。アメリカの多文化主義が日本で知られるようになったのは、一九八〇年代後半、スタンフォード大学において西洋・白人・男性中心のコアカリキュラムが廃止され、人種・民族・性の多様性を尊重する改革が行われた時期であろう。だが、米国版多文化主義は、実際にはすでに一九六〇年代に、人種マリノリティの雇用差別問題に取り組むべく、連邦政府が「アファーマティブ・アクション(積極的差別是正措置)」を求めたところから始まっていた。一九六四年公民権法では、南部における人種隔離を違憲とし、法律による差別を撤廃した。また、人種統合に向けた公民権改革の具体策を講じ、雇用差別を禁止、ジョンソン政権では「貧困との闘い」が推し進められることとなった。

この過程で重要なのは、公民権改革諸機関が、黒人だけでなくアジア系やヒスパニック、先住民へと範囲を拡大し、人種カテゴリー区分を定着させたことである。ユージ・イチオカやロナルド・タカキら、公民権運動に刺激を受けた若い世代の日系研究者が、それまで「東洋人」「イエロー」「ジャップ」「チンク」と蔑称で呼ばれてきた自分たちの呼称として、一九六八年に「アジア系アメリカ人」という言葉を作りだし、アジア系アメリカ人研究を立ちあげたことはすでに第五章でふれた。

これ以降、公民権運動に強く共感する若い世代が「アジア系アメリカ人」の名のもと、「帰化不

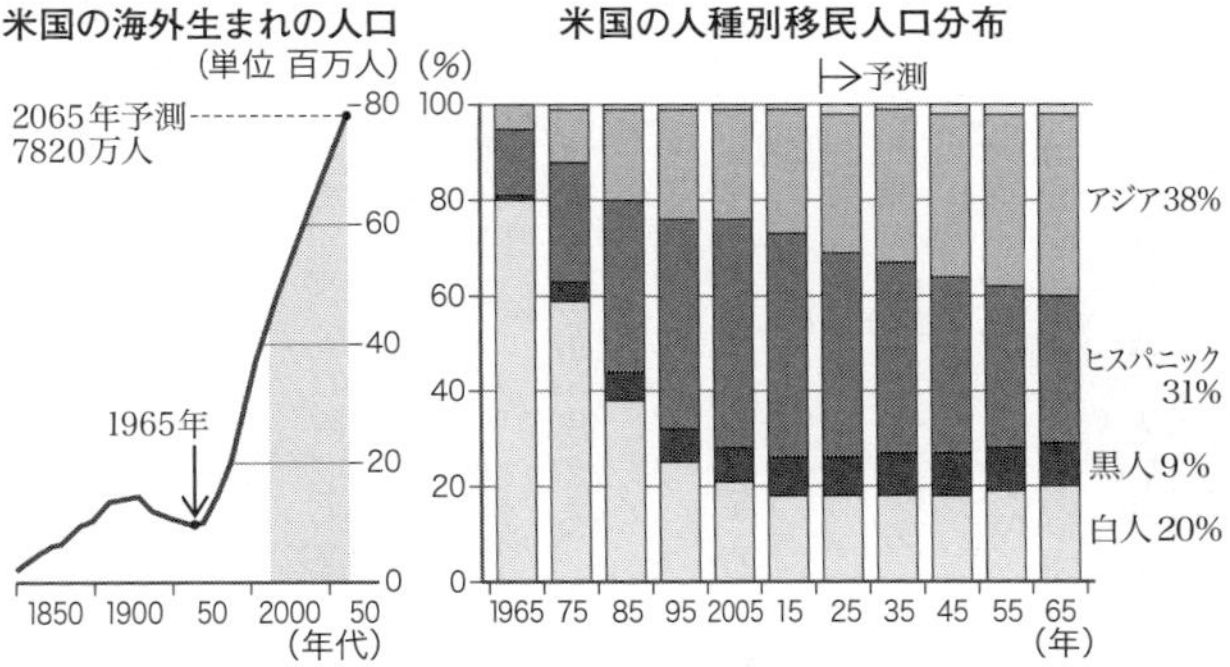

図6-1　2055年にはアジア系が米国最大の移民グループに(『ウォールストリート・ジャーナル』2015年9月29日のグラフをもとに作図)

能外国人」として基本的権利を剥奪されてきた人種差別の記憶を呼び起こし、現存の人種差別を告発しながら権利要求をしていく社会運動を展開していくこととなった。この流れのなかで、一九七七年、アジア系アメリカ人は、連邦政府により「公式のマイノリティ(official minority)」の人種の一つ(「アジア系・太平洋諸島系」)として認知され、今日に至っている。

今後の課題は、一九六五年移民法改正以後、大きく顔ぶれが入れ替わったアジア系アメリカ人が一つの人種マイノリティとして連帯し続けられるかどうかであろう。国勢調査上も、中国系、日系、フィリピン系と別々の人種分類をされ、出自背景も大きく異なるものの、これまでアジア系が同一の人種を構成し得たのは、ゴールドラッシュからの約一世紀、アメリカ社会から「帰化不能外国人」という人種的他者の烙印を押され差別されてきた歴史経験を共有しているからである。

だが、アジア系移民史第二幕以降に大挙して流入し始めた、インド系、ベトナム系、フィリピン系など南アジア系や東南アジア系移民は、こうした差別経験を共有していない。「アジア系アメリカ人」とは誰なのか、このカテゴリーは有効なのかという議論すらある。「モデル・マイノリティ」のレンズで、この数十年のアジア系アメリカ人の歴史を総括してしまう乱暴な議論もあるが、アジア系移民集団間での貧富の差は大きく、十把ひとからげに扱うことはできない。

ピュー・リサーチ・センターの予測(二〇一五年九月)によれば、米国の人口は二〇一五年から二〇六五年の間に三六％増加して四億四一〇〇万人になるという。近年のヒスパニック移民の縮小、アジア系の急増をふまえると、二〇五五年には、米国人口の過半数を占める人種エスニック集団はなくなり、白人は四六％、ヒスパニックは二四％、アジア系が黒人を追い抜いて一四％になり、黒人が一三％となると見込まれている。

自由労働者の帝国アメリカ

本書では、これまでの研究史で圧倒的に周縁化されてきたアジア系移民の視点から、「移民国家」アメリカの生成の歴史を捉え、アメリカ史そのものを問い直すことを目標としてきた。アメリカ合衆国は「移民の国」という誰もが口にするこの国のかたちは、どのように形成され、変貌してきたのか。

アメリカ人の「国民の物語」の核心にある移民国家像については、西海岸の「中国人問題」対策として開始された移民行政のルーツに遡り、門衛国家としての移民国家アメリカが一八八二年を契機に誕生したことを明らかにした。アメリカをアプリオリに移民国家としては捉えず、奴隷国家からの離脱というモメントのなかで移民国家が生み出される歴史過程に着目すると、移民国家像の重要な構成要素である「人類の避難所」というイメージが、必ずしも現実の移民政策とは合致しない神話に他ならず、自由移民の「自由」がいかに「不自由」を隠蔽しつつ歴史的に創り出された概念であったかが明らかになった。

本書で結論として言えるのは、移民国家アメリカとは、一九世紀の段階から時代に要請された産業労働力創出のための巨大な包摂装置としての機能を持ちながら、同時に人種・民族・セクシュアリティなどにもとづく独自の「選び捨ての論理」を持って合理的選別を行い、質的・量的規制を着実に実行する排除装置としての機能をも持ったということである。

第一章で「アメリカの移民の歴史を描くことは世界史を描くこと」と主張したのは、アメリカ一国の歴史に閉じるのではなく、「帝国」としてのアメリカを描くという眼目であった。近現代ヨーロッパの帝国論や植民地研究とアメリカ合衆国のそれが嚙み合わないのは、米国が米西戦争でフィリピンやプエルトリコなどスペイン領植民地を獲得するまでは、植民地を持たなかったため、比較のための共通の土俵がないせいであった。

しかし、なぜ一九世紀末までにアメリカは、「世界の工場」と呼ばれたイギリスを追い抜き、世界一の工業国となったのか。この問いに答えるには、米国の場合、帝国の植民地という「空間」ではなく、いかに国内の広大な領土を開発する搾取可能な労働力(マンパワー)を入手したのか、人の移動のグローバル・ヒストリーからアプローチすることで米国の帝国性を論じられるのではないかと考えた。

これまで述べてきたように、たしかにリンカンの共和党政権が始めた移民奨励策には、契約労働者をも政府公認で自由労働者としてカウントする、つまり前近代の残滓(年季奉公、契約労働、奴隷労働)をも「自由」と読み替え運用する側面があった。

契約書を個人としては結ばない動産の奴隷とは異なり、アジアからの労働者はみな個々に契約という近代的手続きを経て、自ら「自由で自発的な移民」と名乗ることを強要されていた。これが奴隷国家から移民国家への移行に逸《はや》る奴隷解放期アメリカの移民政策の実態であり、「自由労働」創出のメカニズムであった。

実際には中国人労働者が安価な労働力として搾取される不自由労働者としての性格を有していたことから、これが、奴隷労働を否定し労働を「神聖で高潔なもの」とみなす当時の労働組合から批判されたのである。しかしいずれにせよ、イギリスを追い抜き、世界一の工業国としてアメリカが産業労働力創出に成功するのは、共和党政権による移民奨励策に始まるのであり、これが近代資本主義社会を勝ち抜く「自由労働者の帝国」アメリカを作り上げていったのである。
めておこう。

ポスト九・一一とアジア系移民

神話化されてきた「移民の国」アメリカのもうひとつの、門衛国家としての特徴についてもまとめておこう。

ここまで、「中国人問題」を契機に生まれたアメリカ移民行政のさまざまな監視の技法、人間管理のシステムを検証してきた。身分証の発行に始まり、写真添付による証明やパスポート、入国審査の尋問から身体検査まで、現代に生きる私たちはいまだにこの監視システムに縛られている。現代では、さらに指紋、生体認証(バイオメトリクス)から虹彩スキャンなど、身元確認の技術革新はとどまるところを知らない。空港の入国審査における一連のセキュリティ・チェックのプロセスを思い出せば、合点がいくはずである。煩雑な手続きに不満を言いながらも、パスポートを携帯しこのシステムに私たちが身を委ねるのは、国家が国家間の「合法的な移動手段」を独占するという今日の国際社会のルールを是としているからである。

米社会の移民行政が大転換を強いられた直近の事例として、二〇〇一年九月一一日のアメリカ同時多発テロが挙げられる。ニューヨークの世界貿易センタービルや国防総省本庁舎に旅客機を衝突させたテロ行為の実行犯が、アメリカへ合法的に入国したムスリム、アラブ系の外国人であることがわかると、すぐに移民入国管理と国家安全保障の議論がわき上がることになった。テロ攻撃から二年後の二〇〇三年三月には、移民業務の所轄官庁は、それまでの法務省移民帰化局に代わって、新しく設立された国土安全保障省となり、移民・帰化申請については「市民権・帰化局」(BCIS)、国境警備・移民取り締まりは「国境・交通安全局」が担当することとなった。

二〇〇一年一〇月に制定された愛国者法で、「テロ容疑者」とされた者には無期限の留置が認められるようになると、ムスリム、中東系、南アジア系移民が深刻な人種憎悪、人種プロファイリングのターゲットとなっていった。一〇月までに一一〇〇人以上のアラブ系容疑者が拘束され、一一月までに司法省は五〇〇〇人の中東出身者をリストアップしたとされる。

しかし、興味深いのは、こうしたアラブ系住民への包囲網が狭まるなか、日系アメリカ人が先頭を切って彼らに救いの手をさしのべたことである。その一人が、テロ当時、ブッシュ政権下で運輸長官として全民間航空機の緊急着陸を命令した日系二世、ノーマン・ミネタである。

ミネタは、第二次世界大戦時にワイオミング州ハートマウンテンの強制収容所を経験しており、この彼の戦時経験が、空港行政における人種プロファイリング強化の動きにストップをかけさせた。自らが経験した人種、肌の色にもとづく差別の歴史は繰り返してはならないと考え、保守系マスコミからのバッシングにも耐え続けた。

彼は、特定の人種・民族集団への人種プロファイリングの代わりに、すべての乗客と手荷物の安全検査を国が責任を持って担うため、国土安全保障省のもとに運輸保安庁(Transportation Security Administration, 略称TSA)を設立した。現在、私たちのスーツケースについているTSAロックは、こうした目的のために担当官による目視チェックを可能にするように生み出されたものである。

また、日系人コミュニティにおいても、イスラム系コミュニティとの連帯を模索する市民運動がわき上がり、サンフランシスコ、サンノゼ、ロスアンジェルスでは独立記念日や真珠湾攻撃の日に強制収容所跡地を訪れる催しなどが開催されている。こうした草の根の支援活動は、強制収容所経験のある世代が担ったが、それは戦中・戦後にわたって人種偏見と闘いながら、一九八八年に、日系人に対するアメリカ政府による謝罪を勝ち取り、市民的自由法の制定を導いた彼らの歴史経験ゆえであった。この草の根の日系人活動家らは、トランプ政権下でもムスリム市民、難民支援の活動を継続しており、全米の反差別運動を牽引するグループの一つとなっている。

二一世紀のアメリカを再定義する

最後に、アジア系アメリカ人は二一世紀のアメリカでどのような役割を担っていけるのかを考えて、終章を閉じることにしたい。

アジア系移民の歴史は、「帰化不能外国人」として基本的人権に制限が加えられたその第一幕が終わり、現在、第二幕へと移っている。一九六〇年にはわずか八八万人であったアジア系は、二〇〇〇年には一〇二四万人へと、四〇年間で一〇倍以上の伸びをみせている。

二一世紀半ばには米国最大の移民集団となるアジア系は、今後、アメリカ政界への積極的な参加を通じて、あるいは、社会正義を追求する市民運動を通じて、二一世紀のアメリカを誰にとっても住みやすい、エマ・ラザラスが歌い上げたような本物の「移民国家」に仕上げていく重要な役割を担うことになると、筆者は考えている。

アジア系アメリカ人の政界進出は、ハワイやカリフォルニアの民主党の州議会、連邦議会からスタートし、現在、全米各州に広がりをみせている。アジア系は民主党支持者が多い傾向にあるが、共和党の政治家には、ルイジアナ州知事を務めたボビー・ジンダル(インド系)や前国連大使のニッキー・ヘイリー(インド系、元サウスカロライナ州知事)がいる。

もともと、アジア系一世は一九五二年まで市民権を得られず、人種隔離体制下の黒人と同様、投票権がない状態であった。これは、一九世紀前半のジャクソン期からヨーロッパ系移民が投票権を獲得し、政治への参入が可能だったのとは対照的であった。アジア系の政界進出は、帰化権を得た第二次世界大戦後のことであり、かなり出遅れていた。

アジア系で最も著名な政治家は、これまでにも言及してきたハワイ州選出で元四四二部隊のダニエル・イノウエであろう。連邦議会で五〇年近く議員を務めたイノウエは、ウォーターゲート事件追及の陣頭指揮をとるなど、民主党上院の重鎮議員として活躍した。二〇一二年に八八歳で亡くなったが、ハワイで育ったオバマ大統領は弔辞で、マイノリティである自分が政治の道へと進むきっかけを与えてくれた人物だったと語っている。二〇一七年四月より、ホノルル国際空港は「ダニエル・K・イノウエ国際空港」へと名称変更されたことも付言しておこう。

政界に進出しているアジア系は、日系、中国系、インド系だけではなく、モン族出身者、ラオス出身者、ベトナム出身者からも、若手政治家が生まれてきている。

マイノリティの人権を擁護し、社会正義を追求する社会運動においても、アジア系アメリカ人の活躍はめざましい。序章でも取りあげたフレッド・コレマツは、アメリカで最も名の知れた市民権活動家の一人である。

クリントン大統領は一九九八年、大統領自由勲章を授与する式典で、「我が国の正義を希求する長い歴史において、多くの魂のために闘った市民の名が輝いている」と述べ、コレマツが、ホーマー・プレッシー(一八九六年の「分離すれども平等」の人種差別が確立したことで知られるプレッシー対ファーガソン判決の被告。八分の一混血のプレッシーは、市民団体からの支援を受け、ルイジアナ州の白人専用車両に乗り込み、逮捕された)やローザ・パークス(公民権運動活動家。アラバマ州モンゴメリーでバスボイコット運動)と同列にあると讃えた。コレマツは、九・一一同時多発テロの折、ムスリムの市民的自由を保護するために、連邦政府の安全保障政策を批判し、自らの収容所体験を歴史の教訓として活かしたのだった。

アジア系アメリカ人は、このように政治的・社会的に排除される被差別の経験をしながら、差別を乗り越え、人権を他のマイノリティにまで拡大していく活動を展開してきた。包摂と排除の双方の歴史で特異な立場にあるアジア系アメリカ人は、二一世紀のアメリカ人のあり方を再定義する役目も担ってきた。

アメリカを多文化社会として再定義するうえで、アジア系アメリカ人の重要な貢献として指摘できるのは、二〇〇〇年の国勢調査から複数人種の申告ができるようになった点である。遡れば植民地時代以来、白人種の純血を維持するため異人種間結婚禁止の法体系が全米各州にあり、白人/黒人だけでなく、白人/アジア系をも禁じるかたちで体系化されていたことは、第三章で述べた。

しかし、第二次世界大戦から朝鮮戦争にかけての戦争花嫁のアジア系GIとの結婚などにより突破口が開かれ、カリフォルニアでは他州に先駆け、一九四八年に禁止法が撤廃された。さらに最高裁では、一九六七年のラビング判決にてヴァージニア州法が憲法違反と断定され、三〇〇年以上にわたって続いてきた人種混交禁止の体制が崩されることになったのである。

これまで、結婚に関する法律は州管轄だとして連邦の介入が阻まれてきたが、同判決では、結婚という人間の基本権が人種分類によって制限されることは不当であり、合衆国憲法のもと、どの人種と結婚しようが権利は個人にあり、州の侵害は許されないとした。この判決以降、各州の異人種間結婚禁止法が数十年かけて撤廃されていき、その過程で異人種間結婚は激増した。一九七〇年には混血家族の子どもが四六万人、一九九〇年には約二〇〇万人へと増える状況下で、アジア系アメリカ人団体は、より米社会の現実を反映した国勢調査の実施を求めた。その結果、二〇〇〇年から複数人種の書き込みができるようになったと言われている。

ヒスパニックの問題と思われがちな非合法移民問題においても、アジア系のホセ・アントニオ・ヴァルガスが全米一一〇〇万人の非合法移民のスポークスマンの役割を果たしていることも、知っておいていいだろう。ヴァルガスは、何も事情を知らずに一二歳のときにフィリピンからカリフォルニアへと移住、『ワシントン・ポスト』紙の記者としてピューリッツァー賞の受賞歴もあるジャーナリストであるが、現在は「不法移民」である事実を告白して、非合法移民をも包括したアメリカ人の再定義を目指し、活動を続けている。

図 6-2　2013 年 2 月 13 日，上院での移民改革公聴会．「不法移民」擁護の論陣をはるホセ・アントニオ・ヴァルガスは，ケネディの『移民の国』を掲げて訴える　Getty Images

移民の権利運動に積極的に関与してきたアジア系は、ヒスパニックを手助けする立場にあるだけでなく、非合法移民の約一割をアジア系が占めているという事実をまずは確認する必要がある。非合法移民の代表として、ヴァルガスは、非合法移民問題を黒人奴隷制の歴史と結びつける運動を展開している。ワシントン大行進五〇周年のイベントで、ヴァルガスは、キング牧師の『私には夢がある』演説の非合法移民版を発表した。

私には夢がある。我が家と呼べる国の市民権を持ち、その国に貢献し続けたいという夢を。

私には夢がある。運転免許証を手に入れ、就労ビザを手に入れ、壊れた移民行政の制度に縛られない夢を。

私には夢がある。家族が別れ別れになることなく、二〇年も直接会えずにいる母さんを抱きしめる夢を。

私は米国を出国することができない。戻って来られる保証がなく、母は渡米のためのビザの発給が認められていない。

私には夢がある。書類のあるなしで判断されるのでなく、私自身の人格や才能、私の提供できる技能で判断される夢を。

私には夢がある。怖がらずに生活でき、恥ずかしくて隠れたりすることがない夢を。法律ではなく、正義によって報われる夢を。

私には夢がある。自由な人間である夢を。

トランプ政権下で、不法入国した親子の家族引き離しが社会問題となっているが、ヴァルガスの夢は、非合法移民みんなの夢ともなっている。

アジア系移民の歴史経験を語り継ぐ

二一世紀の今日も、移民・難民を引き寄せる巨大なマグネットであり続けているアメリカで、「移民の国」アメリカはいかに語られるべきなのか。アメリカ移民行政史上、最初に文書に記録され、写真に撮影され、「帰化不能外国人」として監視対象となったアジア系移民の視座から、アメリカを問い直し、眼差し返すこと——ここから、アメリカ史に新たな視角がもたらされると筆者は確信している。

本書で試みたように、アジア系移民の歴史経験をアメリカ史やグローバル・ヒストリーのより広い文脈のなかでとらえ直し、その歴史的意義を問うことから、すべては始まる。ポスト九・一一やトランプ政権の逆風の最中、日系人がイスラム系コミュニティとの連帯を模索し、自らの経験の重みを示したように、こうした歴史経験を掘り起こしながら、アジア人が公平性、平等性を主張して作り上げてきた移民国家の普遍性をもっと語るべきだろう。

アジア系移民の排斥と長期拘留のシンボルであるエンジェル島の史跡保存を推進する中国系移民の活動も、従来語られてこなかったもうひとつの移民国家アメリカの歴史を「国民の物語」に組み込もうとする意欲的な試みだ。こうした活動が、オバマ大統領による、エンジェル島の移民入国審査施設開設百年を記念した「全米エンジェル島の日(National Angel Island Day)」(二〇一〇年一月二一日)の制定につながった。また、ハワイでは、終戦後に破壊され、忘れさられていたホノウリウリ収容所の記憶の掘り起こしが本格化しつつある。二〇一五年二月のオバマ大統領による国定史跡指定を受けて、「地獄谷」とも呼ばれた収容所での生活が、語り継がれていくことを期待したい。

本書が提示した新しい移民国家アメリカの歴史が、日本の読者にとって、二一世紀の日本社会を

図 6-3　ハワイ最大の日系人強制収容所，オアフ島のホノウリウリ収容所
当時は約 400 人の民間人と 4000 人の戦争捕虜を収容していた．

図 6-4　ミュージカル『忠誠』日本公演．左から 2 人目がジョージ・タケイ(2017 年 11 月 12 日，著者撮影)
タケイ家はアーカンソー州ローワー収容所に入るが，タケイの父が忠誠審査で忠誠を拒否したため，カリフォルニア州ツールレイク収容所へ送られた．

移民と共に築く、気づきの機会を与えるものとなっていれば幸いである。エンジェル島の収監施設の壁に刻まれた悲痛な叫びが、日本の入国管理施設の被収容者からも聞こえてきてはいまいか。移民と「共に生きる」社会を築くのであれば、アジア系移民の歴史経験から学ぶことは山ほどあるはずだ。

九・一一テロ後のイスラム系住民への差別を描き、日系人とイスラム系が連携して差別に立ち向かうさまを描いたドキュメンタリー『故郷を失った人々 Caught in Between』(リナ・ホシノ監督、二〇〇四年)には、「最後の刻に思い起こすのは、敵の言葉ではなく、友の沈黙だろう」というキング牧師の言葉が引用されている。マイノリティの分断化にいかに抗うのか、「立ち上がって行動することが生きるということ」と語る強制収容経験者ユリ・コウチヤマの言葉を、重く受けとめたい。

日系人俳優ジョージ・タケイが手がけたミュージカル『忠誠《アリージャンス》』の日本公演で、タケイは自らの家族の強制収容所経験を語りながら、歴史経験を語り継ぐことの大切さを訴えていた。筆者が本書を書いた理由も、同じである。長らく沈黙のなかにあった歴史は、語り継ぐ者がいなくなれば、すぐまた沈黙の闇が待っている。

参考文献

全体に関するもの

明石紀雄・飯野正子『エスニック・アメリカ ── 多文化社会における共生の模索』有斐閣，2011 年.
加藤洋子『「人の移動」のアメリカ史 ── 移動規制から読み解く国家基盤の形成と変容』彩流社，2014 年.
ダナ・R. ガバッチア『移民からみるアメリカ外交史』一政(野村)史織訳，白水社，2015 年.
川島正樹編『アメリカニズムと「人種」』名古屋大学出版会，2005 年.
貴堂嘉之『アメリカ合衆国と中国人移民 ── 歴史のなかの「移民国家」アメリカ』名古屋大学出版会，2012 年.
ナンシー・グリーン『多民族の国アメリカ ── 移民たちの歴史』明石紀雄監修，村上伸子訳，創元社，1997 年.
ロナルド・タカキ『多文化社会アメリカの歴史 ── 別の鏡に映して』富田虎男監訳，明石書店，1995 年.
ロナルド・タカキ『もう一つのアメリカン・ドリーム ── アジア系アメリカ人の挑戦』阿部紀子ほか訳，岩波書店，1996 年.
髙佐智美『アメリカにおける市民権 ── 歴史に揺らぐ「国籍」概念』勁草書房，2003 年.
スーチェン・チャン著，トーマス・J. アーチディコン編『アジア系アメリカ人の光と陰 ── アジア系アメリカ移民の歴史』住居広士訳，大学教育出版，2010 年.
野村達朗『「民族」で読むアメリカ』講談社現代新書，1992 年.
ジョン・ハイアム『自由の女神のもとへ ── 移民とエスニシティ』斎藤眞ほか訳，平凡社，1994 年.
エリック・フォーナー『アメリカ 自由の物語 ── 植民地時代から現代まで』上・下，横山良ほか訳，岩波書店，2008 年.
古矢　旬『アメリカニズム ── 「普遍国家」のナショナリズム』東京大学出版会，2002 年.
南川文里『アメリカ多文化社会論 ── 「多からなる一」の系譜と現在』法律文化社，2016 年.
ロバート・G. リー『オリエンタルズ ── 大衆文化のなかのアジア系アメリカ人』貴堂嘉之訳，岩波書店，2007 年.

John Higham, *Strangers in the Land: Patterns of American Nativism, 1860–1925* (Rutgers U. P., 1955).
Daniel Kanstroom, *Deportation Nation: Outsiders in American History* (Harvard U. P., 2010).
Erika Lee, *At America's Gates: Chinese Immigration During the Exclusion Era, 1882–1943* (University of North Carolina Press, 2003).
Erika Lee and Judy Yung, *Angel Island: Immigrant Gateway to America* (Oxford U. P., 2010).
Erika Lee, *The Making of Asian America: A History* (Simon & Schuster, 2015).
Mae M. Ngai and Jon Gjerde eds., *Major Problems in American Immigration History* (Wadsworth, 2013).
Michael Omi and Howard Winant, *Racial Formation in the United States: from the 1960s to the 1990s* (2nd ed., Routledge, 1994).
Kenyon Zimmer and Cristina Salinas eds., *Deportation in the Americas: Histories of Exclusion and Resistance* (Texas A&M U. P., 2018).
Aristide R. Zolberg, *A Nation by Design: Immigration Policy in the Fashioning of America* (Harvard U. P., 2006).

序　章

クレヴクール『アメリカ農夫の手紙　18世紀ペンシルヴェニアおよびニューヨーク旅行記』アメリカ古典文庫第2巻，秋山健ほか訳，研究社，1982年.
スティーヴン・A. チン『正義をもとめて――日系アメリカ人フレッド・コレマツの闘い』金原瑞人訳，小峰書店，2000年.
Oscar Handlin, *The Uprooted: The Epic Story of the Great Migrations That Made the American People* (Little, Brown and Company, 1951).
Total Immigrants from each Region and Country, by Decade, 1820–2010 (https://teacher.scholastic.com/activities/immigration/pdfs/by_region/region_table.pdf　2018年7月13日閲覧).

第1章

青柳まちこ『国勢調査から考える人種・民族・国籍――オバマはなぜ「黒人」大統領と呼ばれるのか』明石書店，2010年.
ベネディクト・アンダーソン『増補 想像の共同体――ナショナリズムの起源と流行』白石さやほか訳，NTT出版，1997年.

D. エルティス／D. リチャードソン『環大西洋奴隷貿易歴史地図』増井志津代訳，東洋書林，2012 年.
大西直樹『ピルグリム・ファーザーズという神話 ―― 作られた「アメリカ建国」』講談社選書メチエ，1998 年.
小田悠生「「移民の国」アメリカとエリス島国定史跡 50 周年」(http://www.yomiuri.co.jp/adv/chuo/research/20150122.html　2018 年 7 月 13 日閲覧)
金井光太朗「国民国家アメリカの創造とプリマスの記憶の神話化」東京外国語大学海外事情研究所『Quadrante』19，2017 年，103–115 頁.
川北　稔『民衆の大英帝国 ―― 近世イギリス社会とアメリカ移民』岩波書店，1990 年．岩波現代文庫，2008 年.
中條　献『歴史のなかの人種 ―― アメリカが創り出す差異と多様性』北樹出版，2004 年.
ジョン・トーピー『パスポートの発明 ―― 監視・シティズンシップ・国家』藤川隆男訳，法政大学出版局，2008 年.
藤川隆男編『白人とは何か？ ―― ホワイトネス・スタディーズ入門』刀水書房，2005 年.
ケネス・E. フット『記念碑の語るアメリカ ―― 暴力と追悼の風景』和田光弘ほか訳，名古屋大学出版会，2002 年.
E. ホブズボウム／T. レンジャー編『創られた伝統』前川啓治ほか訳，紀伊國屋書店，1992 年.
米山　裕「アメリカ史記述の越境化と日本人の国際移動 ―― 移民史の枠組みの解体と再構築に向けて」『立命館文学』597，2007 年，350–359 頁.
Margo J. Anderson, et al. eds., *Encyclopedia of the U.S. Census: from the Constitution to the American Community Survey* (CQ Press, 2012).
Katherine Benton-Cohen, *Inventing the Immigration Problem: the Dillingham Commission and its legacy* (Harvard U. P., 2018).
Gary Gerstle, *American Crucible: Race and Nation in the Twentieth Century* (2nd ed., Princeton U. P., 2017).
John F. Kennedy, *A Nation of Immigrants* (Harper & Row, 1964).
Mae M. Ngai, "Oscar Handlin and Immigration Policy Reform in the 1950s and 1960s," *Journal of American Ethnic History*, Vol. 32-3, Spring 2013, pp. 62-67.
Paul Spickard, *Almost All Aliens: Immigration, Race, and Colonialism in*

American History and Identity (Routledge, 2007).

第 2 章

井野瀬久美惠『大英帝国という経験』講談社，2007 年．講談社学術文庫，2017 年．
可児弘明『近代中国の苦力と「豬花」』岩波書店，1979 年．
ロナルド・タカキ『パウ・ハナ —— ハワイ移民の社会史』富田虎男・白井洋子訳，刀水書房，1986 年．
油井大三郎「19 世紀後半のサンフランシスコ社会と中国人排斥運動」油井大三郎ほか編『世紀転換期の世界 —— 帝国主義支配の重層構造』未来社，1989 年．
容閎『西学東漸記 —— 容閎自伝』百瀬弘訳注，平凡社東洋文庫，1969 年．
デイヴィッド・R. ローディガー『アメリカにおける白人意識の構築 —— 労働者階級の形成と人種』小原豊志ほか訳，明石書店，2006 年．
Gunther Barth, *Instant Cities: Urbanization and the Rise of San Francisco and Denver* (University of New Mexico Press, 1988).
Emma Christopher, et al. eds., *Many Middle Passages: Forced Migration and the Making of the Modern World* (University of California Press, 2007).
Mary Roberts Coolidge, *Chinese Immigration* (Holt, 1909).
Andrew Gyory, *Closing the Gate: Race, Politics, and the Chinese Exclusion Act* (University of North Carolina Press, 1998).
Adam McKeown, "Global Migration, 1846–1940," *Journal of World History*, Vol. 15–2, 2004, pp. 155–189.
Lynn Pan ed., *The Encyclopedia of the Chinese Overseas* (Harvard U. P., 1999).
Mary P. Ryan, *Civic Wars: Democracy and Public Life in the American City during the Nineteenth Century* (University of California Press, 1997).
Alexander Saxton, *The Indispensable Enemy: Labor and the Anti-Chinese Movement in California* (University of California Press, 1971).
Kevin Starr and Richard J. Orsi eds., *Rooted in Barbarous Soil: People, Culture, and Community in Gold Rush California* (University of California Press, 2000).
Yen Ching-Hwang, *Coolies and Mandarins: China's Protection of Overseas Chinese during the Late Ch'ing Period (1851–1911)* (Singapore U. P.,

1985).

第3章

貴堂嘉之「「人種」とは何か――アメリカのなかの「アジア」から考える」三宅明正・山田賢編『歴史の中の差別――「三国人」問題とは何か』日本経済評論社，2001年.
貴堂嘉之「移民国家アメリカの「国民」管理の技法と「生－権力」」古矢旬・山田史郎編『シリーズ・アメリカ研究の越境2　権力と暴力』ミネルヴァ書房，2007年.
シュテファン・キュール『ナチ・コネクション――アメリカの優生学とナチ優生思想』麻生九美訳，明石書店，1999年.
アラン・M. クラウト『沈黙の旅人たち』中島健訳，青土社，1997年.
ダニエル・J. ケヴルズ『優生学の名のもとに――「人類改良」の悪夢の百年』西俣総平訳，朝日新聞社，1993年.
高野麻子『指紋と近代――移動する身体の管理と統治の技法』みすず書房，2016年.
米本昌平・松原洋子ほか『優生学と人間社会』講談社現代新書，2000年.
Robert Eric Barde, *Immigration at the Golden Gate: Passenger Ships, Exclusion, and Angel Island* (Praeger, 2008).
Edwin Black, *War Against the Weak: Eugenics and America's Campaign to Create a Master Race* (2nd ed., Thunder's Mouth Press, 2012).
Ian Robert Dowbiggin, *Keeping America Sane: Psychiatry and Eugenics in the United States and Canada, 1880–1940* (Cornell U. P., 2003).
Amy L. Fairchild, *Science at the Borders: Immigrant Medical Inspection and the Shaping of the Modern Industrial Labor Force* (Johns Hopkins U. P., 2003).
Mae M. Ngai, *Impossible Subjects: Illegal Aliens and the Making of Modern America* (Princeton U. P., 2004).
Anna Pegler-Gordon, *In Sight of America: Photography and the Development of U.S. Immigration Policy* (University of California Press, 2009).
Nayan Shah, *Contagious Divides: Epidemics and Race in San Francisco's Chinatown* (University of California Press, 2001).
Daniel J. Tichenor, *Dividing Lines: The Politics of Immigration Control in America* (Princeton U. P., 2002).
United States Immigration Commission, *Reports of the Immigration Com-*

mission, Vols. 1-41 (Government Printing Office, 1911).

第 4 章

東栄一郎『日系アメリカ移民 二つの帝国のはざまで ── 忘れられた記憶 1868-1945』飯野正子監訳，明石書店，2014 年．

飯野正子『もう一つの日米関係史 ── 紛争と協調のなかの日系アメリカ人』有斐閣，2000 年．

ユウジ・イチオカ著，ゴードン・H. チャン／東栄一郎編『抑留まで ── 戦間期の在米日系人』関元訳，彩流社，2013 年．

賀川真理『サンフランシスコにおける日本人学童隔離問題』論創社，1999 年．

坂口満宏『日本人アメリカ移民史』不二出版，2001 年．

阪田安雄監修『日系移民資料集』全 18 巻，日本図書センター，1991-94 年．

塩出浩之『越境者の政治史 ── アジア太平洋における日本人の移民と植民』名古屋大学出版会，2015 年．

寺崎英成／マリコ・テラサキ・ミラー編『昭和天皇独白録 ── 寺崎英成・御用掛日記』文藝春秋，1991 年．

全米日系人博物館企画，アケミ・キクムラ＝ヤノ編『アメリカ大陸日系人百科事典 ── 写真と絵で見る日系人の歴史』小原雅代ほか訳，明石書店，2002 年．

竹沢泰子『新装版 日系アメリカ人のエスニシティ ── 強制収容と補償運動による変遷』東京大学出版会，2017 年．

ジョン・W. ダワー／ガバン・マコーマック『転換期の日本へ ──「パックス・アメリカーナ」か「パックス・アジア」か』明田川融・吉永ふさ子訳，NHK 出版新書，2014 年．

中野耕太郎『戦争のるつぼ ── 第一次世界大戦とアメリカニズム』人文書院，2013 年．

廣部 泉『人種戦争という寓話 ── 黄禍論とアジア主義』名古屋大学出版会，2017 年．

簑原俊洋『排日移民法と日米関係』岩波書店，2002 年．

若槻泰雄『排日の歴史 ── アメリカにおける日本人移民』中公新書，1972 年．

第 5 章

大津留(北川)智恵子『アメリカが生む／受け入れる難民』関西大学出

版部，2016 年.
小田悠生「アメリカ移民法における「家族」── 市民権，永住権と家族の権利」『アメリカ太平洋研究』15，2015 年，58-70 頁.
佐原彩子「さまざまなベトナム戦争 ── 反共・反政府運動から見えてくるもの」『アメリカ太平洋研究』5，2005 年，119-134 頁.
佐原彩子「アメリカ難民政策の問題点 ── 受け入れ国への「感謝」が意味するもの」兼子歩・貴堂嘉之編『「ヘイト」の時代のアメリカ史 ── 人種・民族・国籍を考える』彩流社，2017 年.
佐原彩子「米国における難民概念 ── 難民概念の変遷とその意味」滝澤三郎・山田満編『難民を知るための基礎知識 ── 政治と人権の葛藤を越えて』明石書店，2017 年.
中野　聡『歴史経験としてのアメリカ帝国 ── 米比関係史の群像』岩波書店，2007 年.
タカシ・フジタニ「コラム 日系アメリカ人への戦後補償」金富子・中野敏男編著『歴史と責任 ──「慰安婦」問題と一九九〇年代』青弓社，2008 年.
南川文里「ポスト占領期における日米間の移民とその管理 ── 人の移動の 1952 年体制と在米日系人社会」『立命館国際研究』28-1，2015 年，145-161 頁.
李　里花『「国がない」ディアスポラの歴史 ── 戦前のハワイにおけるコリア系移民のナショナリズムとアイデンティティ』かんよう出版，2015 年.
Carl J. Bon Tempo, *Americans at the Gate: The United States and Refugees During the Cold War*（Princeton U. P., 2015）.
Gil Loescher and John A. Scanlan, *Calculated Kindness: Refugees and America's Half-Open Door, 1945 to the Present*（Free Press, 1986）.

終　章

ネイサン・グレイザー／ダニエル・P. モイニハン『人種のるつぼを越えて ── 多民族社会アメリカ』阿部齊・飯野正子訳，南雲堂，1986 年.
"Dear America: Notes of an Undocumented Citizen"（https://joseantoniovargas.com　2018 年 8 月 5 日閲覧）.
"Define American"（https://defineamerican.com　2018 年 8 月 5 日閲覧）
NHK 番組「"9.11 テロ" に立ち向かった日系人」(2011 年 8 月 15 日放送).

貴堂嘉之

1966年，東京生まれ．1994年，東京大学大学院総合文化研究科博士課程中退．
現在ー一橋大学大学院社会学研究科教授．
専攻ーアメリカ合衆国史，人種・エスニシティ・ジェンダー研究，移民研究．
著書ー『アメリカ合衆国と中国人移民 ── 歴史のなかの「移民国家」アメリカ』(名古屋大学出版会)
『アメリカ史研究入門』(共著，山川出版社)
『「ヘイト」の時代のアメリカ史 ── 人種・民族・国籍を考える』
『〈近代規範〉の社会史』(以上，共編著，彩流社)
『大学で学ぶアメリカ史』(共著，ミネルヴァ書房)
ロバート・G.リー『オリエンタルズ ── 大衆文化のなかのアジア系アメリカ人』(訳，岩波書店)
胡垣坤ほか編『カミング・マン ── 19世紀アメリカの政治諷刺漫画のなかの中国人』(共訳，平凡社) ほか

移民国家アメリカの歴史　　岩波新書(新赤版)1744

2018年10月19日　第1刷発行
2022年12月15日　第3刷発行

著　者　貴堂嘉之《きどうよしゆき》

発行者　坂本政謙

発行所　株式会社 岩波書店
〒101-8002 東京都千代田区一ツ橋 2-5-5
案内 03-5210-4000　営業部 03-5210-4111
https://www.iwanami.co.jp/

新書編集部 03-5210-4054
https://www.iwanami.co.jp/sin/

印刷・精興社　カバー・半七印刷　製本・中永製本

ISBN 978-4-00-431744-9　　Printed in Japan

岩波新書新赤版一〇〇〇点に際して

ひとつの時代が終わったと言われて久しい。だが、その先にいかなる時代を展望するのか、私たちはその輪郭すら描きえていない。二〇世紀から持ち越した課題の多くは、未だ解決の緒を見つけることのできないままであり、二一世紀が新たに招きよせた問題も少なくない。グローバル資本主義の浸透、憎悪の連鎖、暴力の応酬――世界は混沌として深い不安の只中にある。

現代社会においては変化が常態となり、速さと新しさに絶対的な価値が与えられた。消費社会の深化と情報技術の革命は、種々の境界を無くし、人々の生活やコミュニケーションの様式を根底から変容させてきた。ライフスタイルは多様化し、一面では個人の生き方をそれぞれが選びとる時代が始まっている。同時に、新たな格差が生まれ、様々な次元での亀裂や分断が深まっている。社会や歴史に対する意識が揺らぎ、普遍的な理念に対する根本的な懐疑や、現実を変えることへの無力感がひそかに根を張りつつある。そして生きることに誰もが困難を覚える時代が到来している。

しかし、日常生活のそれぞれの場で、自由と民主主義を獲得し実践することを通じて、私たち自身がそうした閉塞を乗り超え、希望の時代の幕開けを告げてゆくことは不可能ではあるまい。そのために、いま求められていること――それは、個と個の間で開かれた対話を積み重ねながら、人間らしく生きることの条件について一人ひとりが粘り強く思考することではないか。その営みの糧となるものが、教養に外ならないと私たちは考える。歴史とは何か、よく生きるとはいかなることか、世界そして人間はどこへ向かうべきなのか――こうした根源的な問いとの格闘が、文化と知の厚みを作り出し、個人と社会を支える基盤としての教養となった。まさにそのような教養への道案内こそ、岩波新書が創刊以来、追求してきたことである。

岩波新書は、日中戦争下の一九三八年一一月に赤版として創刊された。創刊の辞は、道義の精神に則らない日本の行動を憂慮し、批判的精神と良心的行動の欠如を戒めつつ、現代人の現代的教養を刊行の目的とする、と謳っている。以後、青版、黄版、新赤版と装いを改めながら、合計二五〇〇点余りを世に問うてきた。そして、いままた新赤版が一〇〇〇点を迎えたのを機に、人間の理性と良心への信頼を再確認し、それに裏打ちされた文化を培っていく決意を込めて、新しい装丁のもとに再出発したいと思う。一冊一冊から吹き出す新風が一人でも多くの読者の許に届くこと、そして希望ある時代への想像力を豊かにかき立てることを切に願う。

（二〇〇六年四月）

岩波新書より

現代世界

ネルソン・マンデラ	堀内隆行
日韓関係史	木宮正史
文在寅時代の韓国	文京洙
アメリカ大統領選	久保文明・金成隆一
イスラームからヨーロッパをみる	内藤正典
アメリカの制裁外交	杉田弘毅
ルポ トランプ王国2	金成隆一
2100年の世界地図 アフラシアの時代	峯陽一
フォト・ドキュメンタリー 朝鮮に渡った「日本人妻」	林典子
サイバーセキュリティ	谷脇康彦
トランプのアメリカに住む	吉見俊哉
ライシテから読む現代フランス	伊達聖伸
ベルルスコーニの時代	村上信一郎
イスラーム主義	末近浩太
ルポ 不法移民 アメリカ国境を越えた男たち	田中研之輔
習近平の中国 百年の夢と現実	林望
日中漂流	毛里和子
中国のフロンティア	川島真
シリア情勢	青山弘之
ルポ トランプ王国	金成隆一
ルポ 難民追跡 バルカンルートを行く	坂口裕彦
アメリカ政治の壁	渡辺将人
プーチンとG8の終焉	佐藤親賢
香港 中国と向き合う自由都市	倉田徹・張彧暋
〈文化〉を捉え直す	渡辺靖
イスラーム圏で働く	桜井啓子編
中南海 知られざる中国の中枢	稲垣清
フォト・ドキュメンタリー 人間の尊厳	林典子
㈱貧困大国アメリカ	堤未果
女たちの韓流	山下英愛
新・現代アフリカ入門	勝俣誠
中国の市民社会	李妍焱
勝てないアメリカ	大治朋子
ブラジル 跳躍の軌跡	堀坂浩太郎
非アメリカを生きる	室謙二
ネット大国中国	遠藤誉
ジプシーを訪ねて	関口義人
中国エネルギー事情	郭四志
アメリカン・デモクラシーの逆説	渡辺靖
ユーラシア胎動	堀江則雄
オバマ演説集	三浦俊章編訳
ルポ 貧困大国アメリカⅡ	堤未果
オバマは何を変えるか	砂田一郎
平和構築	東大作
ネイティブ・アメリカン	鎌田遵
アフリカ・レポート	松本仁一
ヴェトナム新時代	坪井善明
イラクは食べる	酒井啓子
ルポ 貧困大国アメリカ	堤未果
エビと日本人Ⅱ	村井吉敬
北朝鮮は、いま	北朝鮮研究学会編 石坂浩一監訳

岩波新書より

欧州連合 統治の論理とゆくえ	庄司克宏
バチカン	郷富佐子
アメリカよ、美しく年をとれ	猿谷要
いま平和とは	最上敏樹
「民族浄化」を裁く	多谷千香子
サウジアラビア	保坂修司
中国激流 13億のゆくえ	興梠一郎
多民族国家 中国	王柯
国連とアメリカ	最上敏樹
東アジア共同体	谷口誠
ヨーロッパとイスラーム	内藤正典
現代の戦争被害	小池政行
帝国を壊すために	アルンダティ・ロイ 本橋哲也訳
多文化世界	青木保
デモクラシーの帝国	藤原帰一
パレスチナ〔新版〕	広河隆一
人道的介入	最上敏樹
異文化理解	青木保

ロシア市民	中村逸郎
ロシア経済事情	小川和男
南アフリカ「虹の国」への歩み	峯陽一
ユーゴスラヴィア現代史	柴宜弘
ビルマ「発展」のなかの人びと	田辺寿夫
東南アジアを知る	鶴見良行
獄中19年	徐勝
モンゴルに暮らす	一ノ瀬恵
チェルノブイリ報告	広河隆一
イスラームの日常世界	片倉もとこ
サッチャー時代のイギリス	森嶋通夫
エビと日本人	村井吉敬
バナナと日本人	鶴見良行
アフリカの神話的世界	山口昌男
韓国からの通信	T・K生 「世界」編集部編
この世界の片隅で	山代巴編

政治

「オピニオン」の政治思想史　堤林剣／堤林恵
戦後政治史〔第四版〕　石川真澄／山口二郎
尊厳　マイケル・ローゼン／内尾太一／峯陽一 訳
デモクラシーの整理法　空井護
地方の論理　小磯修二
SDGs　南博／稲場雅紀
暴君　スティーブン・グリーンブラット／河合祥一郎 訳
ドキュメント 強権の経済政策　軽部謙介
リベラル・デモクラシーの現在　樋口陽一
民主主義は終わるのか　山口二郎
女性のいない民主主義　前田健太郎
平成の終焉　原武史
日米安保体制史　吉次公介
官僚たちのアベノミクス　軽部謙介
在日米軍 変貌する日米安保体制　梅林宏道
矢内原忠雄 戦争と知識人の使命　赤江達也
憲法改正とは何だろうか　高見勝利
共生保障〈支え合い〉の戦略　宮本太郎
シルバー・デモクラシー 戦後世代の覚悟と責任　寺島実郎
憲法と政治　青井未帆
18歳からの民主主義◆　岩波新書編集部編
検証 安倍イズム　柿崎明二
右傾化する日本政治　中野晃一
外交ドキュメント 歴史認識◆　服部龍二
日米〈核〉同盟 原爆、核の傘、フクシマ　太田昌克
集団的自衛権と安全保障　豊下楢彦／古関彰一
日本は戦争をするのか　半田滋
アジア力の世紀　進藤榮一
民族紛争　月村太郎
自治体のエネルギー戦略　大野輝之
政治的思考　杉田敦
現代日本の政党デモクラシー　中北浩爾
サイバー時代の戦争　谷口長世
現代中国の政治　唐亮
政権交代とは何だったのか◆　山口二郎
日本の国会　大山礼子
戦後政治史〔第三版〕　石川真澄／山口二郎
〈私〉時代のデモクラシー　宇野重規
大臣〔増補版〕　菅直人
生活保障 排除しない社会へ　宮本太郎
「戦地」派遣 変わる自衛隊　半田滋
民族とネイション　塩川伸明
昭和天皇　原武史
集団的自衛権とは何か　豊下楢彦
沖縄密約　西山太吉
吉田茂　原彬久
市民の政治学◆　篠原一
東京都政　佐々木信夫
有事法制批判　憲法再生フォーラム編

経済